Karam Khella

Fondement de la

« Théorie universaliste de l'histoire »

Traduit de l'allemand
par Jürgen Brankel

Karam Khella

Fondement de la « Théorie universaliste de l'histoire »

Traduit de l'allemand
par Jürgen Brankel

THEORIE UND PRAXIS

Cette publication est issue d'un cours que le Docteur Karam Khella a donné le 28 mars 1995 sur invitation de l'Université de Khartoum.

Karam Khella
Fondement de la
« Théorie universaliste de l'histoire »
Première édition 1996

Les éditions en langue allemande parues jusqu'aujourd'hui portent le titre:
Karam Khella, Grundlegung der « Universalistischen Geschichtstheorie »
Première édition 1994 et deuxième édition 1995
(Erste Auflage erschienen im Einheitsband « Geschichte der arabischen Völker », Hamburg 1994)

Edition: Theorie und Praxis Verlag
Goldbachstr. 2
D 22765 Hambourg
Allemagne
info@tup-verlag.com

ISBN (pour l'édition en allemand)	978-3-921866-59-7
ISBN (pour l'édition en inglés)	978-3-921866-22-6
ISBN (pour l'édition en français)	978-3-921866-68-9
ISBN (pour l'édition en turc)	795-6709-45-6
ISBN (pour l'édition en espagnole)	978-3-921866-69-6
ISBN (pour l'édition en arabe)	978-3-921866-65-8

Table des matieres

Préface à l’édition en langue française

La matière de l’histoire est une recherche fondamentale. Pendant ma longue pratique comme historien, soit comme professeur universitaire, soit pendant mon activité d’analyser les époques et les situations historiques, j’ai toujours constaté à nouveau que le fond de la controverse dans cette science ne tournait pas autour des faits, sinon autour de leur compréhension et leur interprétation. La théorie détermine le sens et la signification des données brutes de sorte que les seuls faits peuvent éventuellement acquérir même une signification contraire.

Un deuxième problème de la présentation régnante de l’histoire consistait dans le manque de principes pour relier les résultats isolés l’un avec l’autre et d’en extraire une vue d’ensemble de l’histoire.

Un troisième point était la question de savoir quel était la position de l’historien dans l'histoire. Est-ce que la matière se répartit entre historiens comme sujets et histoire comme objet? Donc, dans quelle mesure peut-on objectiver l’histoire; ceci est une hypothèse qui donne le cachet à la conscience des historiens. Ou est-ce qu’en réalité c’est l’historien qui change la réalité en y intervenant avec sa recherche et sa présentation (ce qui serait semblable à la relation d’incertitude de l’ainsi-nommée interprétation de Copenhague de la théorie quantique) et qui est changé par la réalité? Dans ce cas, il en résulte une relation de sujet à sujet. La science de l’histoire se convertit alors en recherche sur l’action (action research).

Le quatrième point est celui du problème de la faisabilité de l’histoire. Tandis que le matérialisme historique de provenance marxiste enlève le sujet à l’histoire, la théorie universaliste a pour résultat: *L’histoire est anthropogène*.

Le cinquième point est finalement la question d'éclairer la relation entre la théorie et la pratique; c'est une contradiction que résout la théorie universaliste. Les problème théoriques sont des questions pratiques de haute importance. Voilà pourquoi la théorie est excitante. Je voudrais remercier cordialement Monsieur Jürgen Brankel qui s'est si bien acquitté de la tâche de la traduction en français.

Hambourg, mars 1996

Karam Khella

Préface

Le titre « Théorie universaliste de l'histoire » est provocateur; du moins il déclenche immédiatement la question de savoir:
Est-ce qu'il y a un besoin en théorie?
Dans ce cas, le titre a été compris. Dans ma vie pratique en tant qu'historien professionnel dans l'enseignement et dans la recherche, j'ai été confronté constamment à la question théorique. On croit que la science de l'histoire est suffisamment couverte par la théorie. Il y a le positivisme de l'histoire, le néo-positivisme et les écoles du matérialisme historique. Celui qui regarde de plus près le paysage épistémologique, doit reconnaître sans ambages la crise profonde au niveau de la méta-science. Tant le positivisme que le matérialisme ont tous deux contribué un peu au progrès de la science de l'histoire, mais ils se sont aussitôt épuisés quant à leur efficacité. Leurs modèles explicatifs apportèrent d'abord une sécurité apparente de l'exégèse d'évènements et de déroulements. Ils ont fait leur devoir et ont été dépassés. Aujourd'hui ils sont aussi responsables de la stagnation de la science de l'histoire. Une expression claire de cette crise épistémologique est la fuite de plus en plus grande dans l'absence de théorie, qui, elle, est compensée par des pseudothéories (néo-agnosticisme, scepticisme ou pessimisme). Chaque variante des points de vue académiques ou même populaires sur l'impossibilité à reconnaître la réalité historique, fonde le nihilisme.

Les questions concernant la théorie ne sont pas que des abstractions d'intérêt universitaire; elles ont toujours un rapport à la pratique et sont par conséquent d'une grande importance pratique. Parmi toutes les sciences, celle de l'histoire acquiert une signification particulière. L'histoire est la forme de mouvement de la société. Chaque manière de comprendre l'histoire est un motif d'action pour le présent. Pour cette raison, les idéologues et les faiseurs d'idéologie attribuent à cette discipline une signification politico-pédagogique particulière. C'est précisément cela que doit faire le critique de l'idéologie, c'est-à-dire chacun qui veut dépasser la manipulation.

L'histoire est la présupposition de l'être. La compréhension et la présentation des contenus historiques ne sont à leur tour pas sans présuppositions. Par la manière de saisir l'histoire, la classe dominante exerce une grande influence sur les hommes, jusque sur la production d'une pensée homogène qui rend manipulable le public à travers les générations.

L'histoire n'est pas un voyage au passé, comme on le dit souvent. L'histoire est le présent. Jusqu'ici nous sommes arrivés. Comment procéder plus loin? Que faire? Pour cela nous n'avons pas seulement besoin d'un savoir, mais aussi d'une compréhension de l'histoire.

L'expérience enseigne qu'il n'y a pas d'histoire, mais des historiens. Ce livre veut développer et renforcer la compréhension de l'histoire et de soi-même, la faculté de juger d'un chacun et la capacité à critiquer.

Hambourg, le 1er janvier 1995.

Karam Khella

Adresse de l'auteur:

Dr. Karam Khella
Possmoorweg 42 a
D – 22301 Hamburg
Allemagne

I. 1. Eurocentrisme

2. Positivisme de l'histoire

3. Matérialisme historique

II. Théorie universaliste de l'histoire

I.
1. Eurocentrisme

L'eurocentrisme est un cas particulier de falsification de l'histoire. Il n'apparaît non seulement par rapport à la présentation de l'Europe, mais également par rapport au traitement de l'histoire à l'extérieur de l'Europe. On construit une position privilégiée de l'Europe par rapport au reste du monde. Aussi bien quant à la présentation de soi-même que quant à la présentation de l'autre, il y a une image de l'histoire qui est caractérisée par certains motifs répétitifs ce qui explique mon jugement. « Falsification » est une expression relative. « Le falsificateur de l'histoire » n'est pas un falsificateur dans le même sens que l'est le « faux-monnayeur. » La question qui se pose est donc de savoir dans quel sens l'Europe falsifie l'histoire. Chaque étudiant européen apprend l'histoire sous forme de faits qu'il apprend par cœur, par des versets. A vrai dire, il y a eu une bataille à Issos en 333 a.C. A vrai dire, le verset s'y rapportant n'est pas un mensonge. Le positivisme n'est pas non plus un mensonge s'il est jugé selon la vérité d'un seul message. Comme les doctrines enseignées européennes sont dans une majorité écrasante débitrices du positivisme, les historiens européens n'admettent pas le reproche de falsification. Ils me reprochent de m'avoir placé hors du droit à la suite de cette affirmation. En partant des discussions avec des collègues et par mes expériences en tant que participant aux colloques de la discipline, je sais très bien combien il est difficile de rendre ma théorie compréhensible, d'autant plus que je suis obligé d'admettre qu'un fait – vu isolément – n'est pas une falsification s'il est rapporté correctement. Cependant, l'autre côté de la table ronde a besoin de beaucoup plus de temps pour passer aux aveux, pourvu qu'il apporte de la patience, de la ténacité, de l'endurance et, avant tout, qu'il soit sans parti pris, sans préjugés et qu'il sache écouter avec intérêt. Toujours est-il que le débat existant déjà depuis quelque temps a eu pour résultat qu'un grand nombre d'auteurs européens, en particulier lors des discours honorifiques, admette la présence de l'eurocentrisme et le critique. Je dois cependant dire en même temps que leur critique de l'eurocentrisme, en général, n'en est pas une. Quand j'y prête l'oreille, on affiche seulement des niaiseries, des phénomènes marginaux ou des racismes particulièrement évidents et primitifs pour pouvoir mettre leur propre eurocentrisme à l'abri des erreurs manifestes. Ainsi des orientalistes allemands furent prêts à sacrifier Scholl-Latour et Konzelmann[1] comme boucs émissaires, pour se blanchir eux-mêmes. Quand j'y prête attentivement l'oreille, je m'aperçois que dans un bon discours solennel, la critique de l'eurocentrisme est avancée pour masquer ensuite sans vergogne le propre eurocentrisme. En tout cas, il est impossible de parler aujourd'hui d'une révision de l'histoire ou au moins d'une disposition par rapport à elle. Un exemple:

Ma thèse: L'ingérence européenne dans le procès de l'histoire mondiale (depuis 1441 respectivement depuis 1798) représente une rupture particulière qui n'est pas comparable aux autres ruptures historiques.

Thèse européenne: Les historiens européens mettent en relation avec cette question la chose suivante: La présentation de faits de violence d'empires extra-européens est exagérée, tandisque les crimes du colonialisme européens sont banalisés. L'histoire de l'impérialisme occidental et de ses cruautés n'a pas encore été écrite. De l'autre côté, l'apport des peuples arabes et de la plupart des peuples extra-européens ne trouve guère l'appréciation historique convenable. Par contre, les exploits européens et leur signification sont présentés d'une façon exagérée. L'expression « civilisation » a en allemand une récurrence presque exclusivement réservée aux attributs « européens » respectivement « occidental ». Les origines arabes de la renaissance européenne sont écartées. En plus de cela, les origines arabes du christianisme sont

[1] Rotter: Allahs Plagiator, Hamburg 1992, en tant que Anti-Konzelmann. Quant à la mobilisation des sciences de l'Orient allemandes contre Scholl-Latour pour l'utiliser comme alibi de sa propre position, voir: Khella, Tor der Totenklage, Hamburg 1993, p. 109

déniées. Dans son auto-présentation l'Europe se détache du reste du monde comme s'il y avait une Europe sans l'histoire du reste de l'humanité. Le verdict de culpabilité par rapport aux autres, la justification par rapport à la propre histoire vont aussi loin que le fait qu'il y a un parallélisme de deux discours européens. Je veux dire par cela, *le même* auteur utilise deux langages différents pour décrire des actions identiques et cela selon l'acteur en question. S'il s'agit d'européens, il parle d'« expédition » (par exemple « l'expédition française » sous Napoléon en 1798). S'il s'agit de non-européens, il parle de « dévastation », « dépouillement » et l*ast but not least* de « barbares ». Dans la discussion des sources j'ai confirmé concrètement cette thèse en nommant des auteurs et des livres spécifiques (p. ex. p. 37 à 42; voir aussi: Le discours divisé, p. 298).[2]

Cette thèse n'est qu'un exemple parmi beaucoup d'autres. Je voudrais proférer l'affirmation que dans toutes les questions de la science, il y a un point de vue eurocentrique qu'on ne peut mettre au jour que par un point de vue universaliste. C'est surtout dans les thèmes « monde », « société », « histoire », « homme », « nature », « guerre », « paix », « politique », « environnement », « démographie », « problèmes alimentaires », « économie », « économie mondiale », « richesse et pauvreté dans le monde », « énergie » pour ne nommer que quelques exemples, que le point de vue européen est en avant-scène. Ces exemples montrent comment les européens (Etats Unis toujours inclus) veulent voir tout différemment par rapport au reste de l'humanité. L'eurocentrisme, c'est le point de vue égoïste-national qui ne met pas le monde et l'humanité au centre de l'intérêt, mais qui songe uniquement à son propre profit et qui agit selon les adages usuels dans la langue allemande: « Après moi, le déluge », « passer sur les cadavres » et « Est-ce que tout est en main allemande? » (Le dernier est une expression typique à l'intérieur des entreprises pour demander

2 Le présent livre fait partie intégrante originellement de l'œuvre d'histoire: *Geschichte der arabischen Völker*: von den Anfängen bis zur Gegenwart, par Karam Khella, Hamburg, Theorie und Praxis Verlag, vierte, erweiterte Auflage, 1994

si tout est en ordre; et qui est utilisée aussi dans le domaine universitaire).

L'eurocentrisme n'est probablement guère si évident comme dans l' traitement de l'« histoire arabe ». Si nous limitons notre sujet au thème de cette œuvre « Histoire des peuples arabes » (c'est-à-dire du livre de Karam Khella: *Geschichte der arabischen Völker*, note du trad.), nous nous facilitons de beaucoup la tâche. Les historiens professionnels européens semblent avoir trouvé le bouc émissaire adapté à l'ensemble de leur haine et racisme amassés: les arabes en tant que souffre-douleur de l'histoire. La reproduction de préjugés – élaborés sous forme de thèses « scientifiques » – est cependant souvent inconsciente – à cause du parti pris profondément enraciné des auteurs. Des arabistes qui ont essayé de quitter les voies rigides (p. ex. Adam Metz ou Sigrid Hunke), ont été dépassés par la vague de loin plus forte de la phobie des arabes. Même si à cet endroit une présentation exhaustive des *patterns* caractéristiques du traitement européen de l'histoire arabe est repoussée pour le moment, quelques uns des modèles les plus importants doivent être mentionnés. L'eurocentrisme, qui a une signification dans la science de l'histoire, peut être caractérisé par les points suivants:

1. La *segmentation et la ségrégation* en tant que méthode européenne de la science de l'histoire: L'une des caractéristiques les plus remarquables de la présentation européenne des arabes est le fractionnement de leur monde en Etats miniatures et petits groupements et peuples qui n'appartiennent pas à un ensemble cohérent par les liens d'un cadre culturel, économico-géographique et sociopolitique supérieur. L'Egypte et la Syrie sont présentées comme des rivales qui n'ont une histoire commune (à dire vrai fragmentée lorsqu'elle est envisagée du point de vue européen) qu'à partir seulement des conquêtes arabes du septième siècle si tant est qu'elles l'aient eue. Les historiens professionnels européens écrivent l'histoire arabe de telle manière comme si le traité Sykes-Picot qui a été conclu par les puissances coloniales, avait existé depuis toujours. Il leur échappe que ce traité ne date que depuis le 16 mai 1916 après la naissance du Christ et qu'il fût conclu contre la volonté

des peuples arabes. L'Etat national est un produit de l'évolution capitaliste, spécifiquement européenne. L'idée de l'Etat national avec ses conséquences désastreuses pour les Etats afro-asiatiques a été internationalisée, en ignorant les besoins des peuples, pour le service des intérêts coloniaux et pour le sabotage de la cohérence et de la solidarité des peuples opprimés. Les historiens européens croient que c'est leur tâche de fournir les fondements historiques de cette politique coloniale.
Je m'assigne la tâche d'utiliser le cadre restreint de cette œuvre dans le but de contrecarrer les modèles de présentation figés de l'orientalisme européen. Une présentation intégrée de l'histoire arabe doit aussi bien convenir tant aux particularités locales et régionales que de faire valoir les intérêts, tendances et évolutions communs.

2. Le discours divisé: La littérature allemande fait preuve sous le point de vue littéraire d'une terminologie qui change selon le cas, c'est-à-dire selon la personne dont on parle. La langue de l'auto-description se distingue fondamentalement de la description des autres. Si l'on veut démontrer qu'il y a un racisme dans la science européenne, on devrait tout d'abord analyser la littérature spécifique se rapportant au monde arabe (et pas seulement la littérature journalistique!). L'Orient a été conçu comme contre-projet de l'Occident. Par rapport au contenu, la « civilisation européenne » fut démarquée des performances des peuples extra-européens. Lors de la présentation des arabes, l'histoire culturelle est réduite à quelques motifs devenus familiers, en particulier à des motifs religieux. On accentue outre mesure l'Islam, tous les autres composants sont marginalisés.

3. L'exposition de l'autre et autoprésentation dans l'œuvre d'histoire européen: Dans la présentation de l'histoire d'auteurs européens, on emploie certains schémas, qui se répètent très fréquemment de sorte que l'on peut parler d'une « typologie ». Dans l'autoprésentation, l'histoire européenne est peinte comme un vol en haute altitude lequel est suivi par le reste du monde qui, lui, claudique. A l'exception du sombre Moyen-Age, l'Europe était l'avant-garde de l'évolution internationale; c'est un motif que même le marxisme a entièrement pris à son compte. Il en résulte que l'histoire des peuples extra-européens est seulement déclenchée par l'Europe. « Peuples sans histoire » / « Peoples without history » ont été découverts par l'Europe et ils commencent à entrer dans l'histoire. C'est le motif de l'incapacité des peuples extra-européens à la culture qui est dominant. Les grandes inventions et découvertes sont réservées aux blancs. Un livre qui porte le titre « Väter der Physik » (« Les Pères de la physique ») ne nomme exclusivement que des physiciens blancs (masculins). Quant au domaine socio-politique, les Etats extra-européens et leur genèse sont compris toujours comme le résultat de décisions européennes et non pas comme capable de faire leur histoire eux-mêmes.

Aussi la question de connaître – à partir d'un point de vue européen – les performances et capacités des peuples extra-européens est-elle posée. Les auteurs blancs concèdent aux noirs le domaine « religions ». Les cultures africaines, asiatiques et américaines sont envisagées en principe sous leur aspect religieux: Un dieu tribal est le centre de la vie spirituel. Les grandes religions mondiales sont une performance authentique de l'Orient. Ce fait est transformé par les auteurs européens en alibi pour écarter les autres composants de l'histoire culturelle. Les arabes furent réduits à l'Islam. En même temps, on refoule la dominance de la religion dans l'évolution européenne. Si l'on utilisait les mêmes étalons, l'historien devrait arriver au résultat que la religion (ici le christianisme) ne joue pas dans l'histoire européenne un rôle inférieur, oui, peut-être même atteint-elle une signification beaucoup plus grande que dans l'histoire d'autres continents.

Exemple: Histoire de l'Europe moderne: Selon leur propre conception, l'Europe est présentée comme pays d'origine de l'« illustration », du « rationalisme » et de la « science critique ». La vague de la civilisation moderne rayonnait à partir de l'Europe dans le monde entier. En ceci, le marxisme et la science bourgeoise sont d'accord. Le monde extra-européen souffrait sous la domination des mythologies et de la superstition jusqu'à ce qu'il pût recevoir des mains des européens l'émancipation. Selon mon avis, les choses sont en réalité presque à l'envers. Nous nous demandons comment il a été possible qu'il y ait eu une inversion.

a) Nous choisissons l'année 1789 comme celui par lequel commence le 19ème siècle. Les origines spirituelles des idées de la Révolution Française qui se placent dans le rationalisme arabe, en particulier dans Ibn-Rušd (Averroes), sont déniées.
b) La sécularisation arabe – les soulèvements de l'Egypte contre l'Empire Osman et la formation d'un Etat laïque sous Muḥammad ʿAlī – a été détournée par les historiens européens en même temps que le fait que l'Etat industriel séculaire égyptien moderne fut détruit par l'alliance militaire européenne dans la guerre qui a duré durant cinquante ans de 1831 à 1882.
c) L'autodescription montre par contre l'Europe comme une alliance d'Etats agissant rationnellement (contre l'« irrationalisme islamique »). Ainsi les traits religieux de l'histoire européenne sont refoulés et soulignés à outrance dans l'histoire arabe. Le motif historique, eschatologique de la « Fin de l'histoire » fut prononcé par G. W. F. Hegel déjà en 1806 lors de la victoire de Napoléon sur la Prusse et il hante depuis lors la littérature. Ce motif fut repris par Marx non pas littéralement, mais par rapport au contenu. Dans l'autodescription, les historiens européens séparent en principe l'« histoire ecclésiastique » et l'« histoire politique ». Quant à l'histoire arabe, ils suppriment cette séparation.
d) « *La Sainte Alliance* » fut créée à Paris en 1815 par l'Autriche, la Prusse et la Russie. Elle faisait référence à des fondements religieux et commença une politique conservatrice, agressive sous des mots d'ordre bibliques et qui caractérise en principe jusqu'aujourd'hui la politique occidentale. De Metternich à Clinton, les noms et les symboles changent, le slogan « Devoirs envers les principes du christianisme » est resté vivant.

Ce qui est resté vivant est aussi la prétention chamarrée sous le prétexte d'un missionnariat pour la domination du monde.

e) L'Europe a appuyé l'Empire Osman avec sa légitimation de domination fondée sur l'Islam contre les mouvements séculaires, modernisants et émancipateurs dans le monde arabe.

Les auteurs européens ne sont guère disposés à reconnaître que la religion en tant que légitimation de pouvoir et en tant que moyen de motivation pour une politique de puissance a joué en Europe un rôle beaucoup plus grand qu'en Orient. Il leur plairait davantage de continuer à insister sur le schéma simple et auto-satisfaisant de la « rationalité de l'Occident versus l'irrationalité de l'Islam ».

4. Le cercle herméneutique de l'eurocentrisme: Les représentations figées européennes de l'Orient se reflètent dans les traductions à partir de l'arabe. Ainsi ces œuvres apparaissent comme une sorte d'« auto-dénonciation ». L'orientalisme fait un grand détour pour éviter les œuvres des rationalistes arabes. En contrepartie c'est la littérature théologique qui est traduite outre mesure, commentée et exploitée en littérature. Les originaux qui ont une tendance vers le rationalisme sont teintés dans la traduction d'une nuance théologique et métaphysique. Comme exemple d'une traduction vers l'allemand, je voudrais nommer « Ibn-Ḫaldūn, Buch der Beispiele (Livre des exemples) – L'Introduction, al Muqaddima, traduit à partir de l'arabe, extraits, préface et notes de Mathias Pätzold (Leipzig 1992) ». Des versets arbitrairement sortis de leur contexte détruisent la systématique de l'œuvre originale de l'auteur maghrébin. Des expressions d'une touche mystificatrice du traducteur allemand sont mises dans la bouche de l'auteur qui écrit en langue arabe.

Le cas de « l'auto-dénonciation ». Je veux parler du phénomène suivant qui est caractéristique en particulier de l'arabisme allemand. Les images de représentation et les modèles de pensée qu'il y a en Europe par rapport aux arabes, sont attribués aux arabes eux-mêmes. Les traducteurs européens introduisent exprès et cependant sans faire d'éclat des clichés dans les œuvres. Ainsi l'Orient a l'aspect que l'Europe veut lui donner. L'utilisateur de ces « traductions » se sent confirmé dans ses préjugés. Nous donnons une preuve par un exemple concret. Il est à souligner que je prends consciemment un exemple quotidien, c'est-à-dire non pas une déviation accidentelle atypique d'un orientaliste: Ibn-Hadun, Muqaddima, chapitre 37 « Sur la guerre ». D'abord dans la traduction de Khella: « Celles-ci sont donc quatre sortes de guerres. Les deux premières sont des guerres injustes, une conjuration. Les deux dernières sont des guerres justes, engagement pour repousser une injustice qui s'est faite jour et pour rétablir la justice. »[3] Regardons ce qu'en a fait l'arabiste allemand: « Celles-ci sont (les) quatre types de guerres. Les deux premières sont injustes et pécheresses, les deux autres sont saintes et justes. »[4] Quelques lecteurs ne remarqueront peut-être pas une grande différence, c'est pourquoi une interprétation plus serrée sera certainement utile. Le schéma qu'emploie l'arabiste allemand, déplace dans la sphère religieuse les critères d'appréciation qu'Ibn-Ḫaldūn nous offre pour porter un jugement sur les guerres. Les guerres sont reparties – selon la pseudo-traduction – en guerres « pécheresses » et en guerres « saintes ». L'arabe n'a par conséquent pas une attitude politique, mais mystique. L'idée que les européens se font de l'attitude des arabes envers la guerre se trouve donc chez Ibn-Ḫaldūn. En réalité, l'Ibn-Ḫaldūn authentique a émis des critères tout à fait différents, purement politiques de sorte que chacun peut porter d'une manière autonome un jugement sur l'évènement militaire par les moyens de la raison pure (sans l'interprétation cléricale). C'est précisément cela qu'on refuse aux arabes. Leur vue est rétrécie selon des critères theologico-religieux. Ils apparaissent aux européens comme fondamentalistes et jusqu'à fanatiques. Et le tout serait déjà présent chez Ibn-Ḫaldūn. Ici (dans la pseudo-traduction), il établit un « dogme de guerre ». C'est ce dogme que suivent les arabes qui seraient incapables de former leur opinion selon des critères sociopolitiques raisonnables et selon

[3] Ibn-Ḫaldūn, (édition arabe: Dār al-Qalām), Baitar 1989, p. 271.

[4] Ibn-Ḫaldūn, allemand par Pätzold, ibid., p. 154.

une faculté autonome de critique. La traduction – ici par rapport à la traduction de Pätzold – dénie aux arabes simplement la faculté autonome d'analyse et de jugement. La finalité de l'enseignement du texte est subtilement fonctionnalisée. Les arabes présentés par ses propres œuvres originales, se dénoncent eux-mêmes; c'est le cas de l'« auto-dénonciation ». En réalité, Ibn-Ḫaldūn a créé dans ce chapitre volumineux (Pätzold ne traduisit que 10% du chapitre sans avertir le lecteur de ce fait; au contraire, on suggère qu'il a traduit l'ensemble du chapitre 37) les concepts de la « guerre juste » et « injuste ». Depuis lors, ils constituent des notions indispensables pour les débats sur les évènements militaires. Encore aujourd'hui, on les emploie dans les débats des Nations-Unis. Pour celui qui voudrait vérifier les traductions, le texte original est reproduit dans une transcription:
« fahāḏihi arbaʿatu aṣnāf min al-ḥurūb. Aṣ-ṣinfāni al-awwalānī minhā ḥurūbu baġy wa fitna, wa aṣ-ṣinfāni al-aḫirāni ḥurūbu gihād wa ʿadl. »
Cette phrase est représentative de l'ensemble de l'édition d'Ibn-Ḫaldūn par Pätzold. Celui-ci est de son côté représentatif pour l'orientalisme allemand.
L'incapacité des arabistes devient une incapacité des arabes. Ce qui est prétendument arabe est attribué aux arabes. Les traductions sont consumées et citées par des lecteurs européens. Ils donnent le cachet à l'image de l'arabe non seulement dans la littérature banale, mais aussi dans la littérature professionnelle. Le cercle herméneutique est fermé.

5. *La séparation de l'histoire d'avec le présent des peuples*. Pour cela, l'énoncé de l'égyptologue hambourgeois Wolfgang Helck est caractéristique: « *Entre la culture qui règne dans le présent dans la vallée du Nil et l'empire des Pharaons, il n'y pas de correspondance directe... Ceux-ci n'avaient guère une liaison avec le passé, même si, par leur origine, ils ont un rapport avec les paysans du temps des Pharaons.* »[5] La signification de l'histoire

[5] Helck, W., Das vorislamische Agypten, in: Schamp, H. (éd.): *Ägypten*, Tübingen et Bâle 1977, p. 100. Des schémes semblables reviennent chez Gardner, Gödecke

pour l'Egypte moderne est exprimée par M. Helck de la façon suivante: « *Toujours est-il que l'histoire a au moins l'effet de promouvoir le tourisme en tant que source de devises par les restes de l'histoire des pharaons, ce que l'on ne peut dire du paysage ou du présent.* »[6] Par une telle manière de voir, un historien se disqualifie lui-même et il donne un même temps un auto-témoignage de ce qu'il n'a compris ni l'histoire du vieux temps ni celle du temps actuel. Puisque ce point de vue n'est pas scientifique, il est superflu de débattre une telle position fondamentale raciste.

6. « Acculturation historique »

Ce phénomène a beaucoup de formes et de visages. D'une façon générale, la notion d'acculturation est un euphémisme pour la suppression d'une culture par une autre. Dans le cas présent de l'acculturation, il s'agit de la destruction et l'annihilation des cultures extra-européennes en même temps que de la dominance globale de la culture impérialiste de l'homme blanc. Dans ce qui suit, nous voulons restreindre la contemplation à la participation de la science de l'histoire européenne au procès d'acculturation, et ainsi montrer l'inséparabilité de ces sciences de l'impérialisme. C'est cet aspect spécifique que nous désignons par « acculturation historique ». Par le moyen de sujets historiques significatifs, la notion ainsi comprise d'acculturation doit être concrétisée:

a) Grécisation et latinisation d'éléments de l'histoire arabe et extra-européenne: des localités, des personnalités importantes et en général des performances culturelles importantes des peuples sont aliénées et européanisées (dit d'une façon légère: « vol de culture »). En partie, l'acculturation atteint un degré tellement radical qu'elle apparaît ridicule. L'anthropogénèse en est le début. Les ustensiles de l'âge de pierre sont rebaptisés par des noms latins ou germaniques; par ce procédé on veut suggérer une genèse européenne. En liaison avec d'autres chapitres de l'anthropogénèse on veut créer l'impression que les formes supérieures de l'évolution spécifiquement

et d'autres égyptologues européens.

6 Helck, ibid., p. 100.

humaine se sont déroulées en Europe (ce qu'en fait l'on croît aussi généralement en Europe). Exemples: « Oranien » pour des trouvailles d'ustensiles au Maghreb; la pointe en lancette du « Lupembien » vient de l'Afrique de l'Ouest; « types Pietersburg et types Stillbay pour les trouvailles d'ustensiles en Afrique de l'Est et Sud-Est. Des ustensiles avancés du meso-paléolithique sont désignés comme « techniques Moustérien et Levallois; le lieu de découverte ne se trouve cependant pas en France, mais au Maghreb. Les exemples sont simplement inépuisables. L'homme Fayyūm est rebaptisé par Homo zeuxis, etc.

Des époques d'un éclat particulier de l'histoire de l'humanité sont confisquées par les européens. Un moyen simple en est l'aliénation de l'appareil conceptuel. « Herakleopolis », « Hermopolis », « Krokodilopolis » ou « Heliopolis » sont des noms qui n'ont jamais figurés sur des panneaux de village. Aucun Pharao tel que « Menes », « Cheops », « Chephren » ou « Mycerinos » n'a encore occupé un trône. Osiris ne fait pas partie de la mythologie égyptienne, il n'a de place que dans l'égyptologie européenne. Dans la littérature occidentale, les pharaons apparaissent comme s'ils étaient des empereurs romains ou grecs. De la même façon, l'histoire des lettres, la culture matérielle et d'autres performances historiques furent aliénées. L'égyptologie européenne a déraciné la culture égyptienne et l'a implantée en Europe. C'est à cet endroit que la fonction idéologique de l'acculturation devient évidente. Elle est un moyen de domination. On suggère que le monde a toujours été dominé politiquement par l'Europe, au moins dans le domaine culturel. En fait, le colonialisme a été vu par beaucoup d'européens comme une revendication légitime des puissances européennes de la prise en possession de colonies. D'abord on occupe les noms, ensuite les territoires. Aujourd'hui encore une agence de voyage peut attirer sa clientèle par le slogan: « C'est ton pays. »

b) Périodisation: Les époques historiques sont divisées par les historiens européens selon leur propre histoire. C'est aussi à cause de cela qu'est créé l'impression de ce que le monde s'adapte à l'Europe. Tant que l'Europe même sommeillait encore dans l'obscurité de l'histoire, on parle par rapport au monde de préhistoire et d'histoire primitive. Les civilisations évoluées de l'Egypte, de la Syrie, de l'Iraq et de l'Iran qui ont écrit la partie la plus importante de l'histoire de l'humanité, sont désignées par les européens par le terme de « Frühkulturen » (« civilisations primitives »). Par contre, l'histoire de la Grèce, de Rome et des germains est traitée d'une façon démesurément longue et précise. L'Antiquité se restreint à l'histoire de trois villes: Athènes, Rome et Sparte tout en les présentant en tant qu'histoire mondiale. Le marxisme et la science bourgeoise sont d'accord en ce que ces trois centres doivent être tenus pour le monde entier. Les auteurs européens consentent par rapport à la division en: « Vieille histoire ou antiquité », « Moyen-Age ou science médiévale » et « Modernité ». Ce schéma génial – si tant est qu'il y ait un sens de ce schéma hormis la répartition de chaires universitaires[7] – n'est applicable qu'à l'Europe. Cependant il est nécessaire d'établir une périodisation universellement valable. La division marxiste est encore plus géniale. Marx a rebaptisé les époques mentionnées en « société des maîtres d'esclaves », « féodalité » et « capitalisme ». Ici aussi, c'est un eurocentrisme extrême qui est dominant. L'esclavage, par exemple, est une forme de société qui – selon les critères du matérialisme historique – n'est caractéristique que de Rome, Athènes et Sparte, mais qui n'est pas significative pour le reste du monde. Sous la

[7] Il n'y a pas de ruptures historiques qui justifieraient cette tripartition. Le Moyen-Age qui a été ainsi créé artificiellement, marque la fin de l'« antiquité » et le début de la « modernité ». Pour le début et la fin du Moyen-Age il n'y a pas cependant des critères généralement reconnus. C'est une conséquence de la pratique universitaire que celui qui occupait réellement une chaire d'histoire du Moyen-Age, déterminait par sa propre spécialité la division en époques. Beaucoup d'auteurs pratiquent une conception selon laquelle la fin de l'antiquité est la même que celle de l'empire romain. Mais cette fin était un procès d'une durée de trois cent ans. Encore plus contradictoire est le début de la modernité. Il y a les césures suivantes: 1492 (« découverte » de l'Amérique), 1789 (Révolution Française), 1798 (invasion française en Egypte par Napoléon), mais il y a encore d'autres

notion de « féodalité », le matérialisme historique comprime des formes extrêmement diverses de sociétés qui montrent plus de différences que de caractères communs. La notion de « capitalisme » est en générale très douteuse (on devrait plutôt nommer cette époque « colonialisme/impérialisme »). Plus bas, je m'efforcerai d'établir une périodisation plus juste, c'est-à-dire indépendante de l'Europe. Puisque l'Europe ne s'est réveillée du long sommeil d'absence d'histoire que dans les dernières siècles avant Jésus Christ, et que l'histoire ancienne ne commence (vue à partir d'aujourd'hui) dès lors, les hautes civilisations qui étaient largement en avance sur leur temps, sont rabaissées à la « préhistoire » et à l'« histoire primitive ». Les absurdités auxquelles mène l'eurocentrisme sont évidentes.

c) Hellénisme: La notion d'hellénisme désigne l'histoire culturelle et littéraire depuis Alexandre jusqu'au début des conquêtes arabes. Avec les triomphes d'Alexandre, la langue grecque a trouvé une certaine diffusion à l'extérieur de la Grèce en tant que langue des nouvelles administrations en Egypte, Syrie, Iraq et Iran. Emportés par l'idéal universel et motivés par la chance d'une communication internationale, les hommes de sciences et les écrivains se sont aussi servis sur le terrain de l'actuel monde arabe, du grec comme langue littéraire. Ils n'étaient ni ne voulaient être des grecs, tout comme ils n'avaient de réserves envers le grec. Ils étaient pleinement enracinés dans leurs cultures; ils transmirent tout de même aux autres cultures leurs écrits et lurent les leurs. Dans l'époque suivante, ce fait avait sa place inchangée nullement contestée. Ceci subit cependant des avatars lorsque les européens commencèrent eux-mêmes à faire leur historiographie. Ils confisquèrent la performance millénaire des auteurs du monde arabe qui avaient écrit en grec, sous les Ptolémées, Romains et Byzantins: on forma la notion d'« hellenisme ». La falsification historique qui lui est inhérente, est systématique. La performance culturelle des peuples est faussement attribuée à la culture grecque, les peuples eux-mêmes sont considérés comme étant incapables de culture. Des notions telles que « proposition de Pythagore », « principe d'Archimède » et « vis archimédé » (ṭanbūr) ne peuvent plus être écartées du livre scolaire européen. Il était question de performances théoriques et pratiques qui ont été développées en Egypte et qui furent transférées par des boursiers grecs en Europe. Aujourd'hui, on croit qu'elles sont simplement grecques. La même chose est valable pour la médecine, la pharmacologie, la botanique, la zoologie, les mathématiques, les sciences naturelles, l'astronomie, la mécanique céleste, l'informatique et la philosophie. L'école alexandrine égyptienne se servait à côté du copte, du grec aussi sans devenir pour autant une école grecque. La politique d'acculturation lui a supprimé tout lien avec l'Egypte depuis longtemps. L'historien de l'Eglise, Hans von Campenhausen, a nommé son fameux livre « Griechische Kirchenväter » (« Pères ecclésiastiques grecs »).[8] Quant aux onze biographies décrites, il s'agit d'un libyen, de quatre égyptiens, d'un palestinien, de deux syriens, de deux pères en provenance d'Asie mineure et seulement d'un grec (Johannes Chrysostomos). En analogie, l'image se répète chez les « pères d'Eglise latins ». Aussi bien les auteurs préchrétiens que les auteurs formés par le christianisme sont présentés non seulement dans des lexiques, mais aussi dans des monographies comme des grecs ou des romains, c'est-à-dire comme des européens, sans que les auteurs touchés surent quelque chose de leur nationalité posthume: Ptolémée Claudius (venant de Fayyūm en Egypte), Lucien (Syrie), Augustin (Tunisie), etc., etc.

d) Christianisme: La représentation européenne du christianisme ne manque pas d'ironie. Une religion qui a pour centre de piété le commandement « Tu ne dois pas mentir », devient un noyau d'une falsification de l'histoire mondiale. Les pays d'origine du christianisme sont la Palestine, l'empire arabe des Nabatéens (sur le territoire de l'actuelle Jordanie) et la

---

8 V. Campenhausen, H., *Die griechischen Kirchenväter*, Stuttgart 1956

Syrie. L'étudiant en théologie d'une université européenne apprend le grec et le latin tout en étant convaincu qu'il s'agit là des langues originales du christianisme. Cependant, ni Jésus ni ses apôtres n'ont parlé ni su le grec. Les synopticiens grecs sont secondaires. C'est l'Araméen-Palestinien qui est primaire. En plus, au temps de Jésus, la Palestine fut sous l'influence primordiale de l'arabe (les rois Nabatéens tout comme les Hérodiens étaient des arabes). Les origines arabes du christianisme sont déniées et considérées comme déplacées. Cependant, Paul – probablement le fondateur de la variante chrétienne qui s'est imposée – souligne qu'il a été actif comme prédicateur en Arabie et cela pendant une quinzaine d'années. L'arabe était probablement sa langue maternelle, l'araméen de l'Empire et le grec furent ses langues étrangères secondaires. A vrai dire, ni lui ni les autres apôtres ni le fondateur de la religion lui-même ne portèrent les noms sous lesquels ils sont entrés dans l'histoire. Dans leur cas, la politique d'acculturation fut commencée très tôt. Le christianisme et ses fondateurs furent grécisés et aliénés. Šaʾūl fut transformé en Paul, Simʿān en Petrus, Yaḥya et Yuḥanna en Jean, et les autres noms en Matthée, Thomas etc. Le fondateur de la religion ne se reconnaît sûrement pas dans sa propre église. Sûrement qu'il ne s'appelait pas Jésus-Christ. A cela s'ajoute la fonction de la psychologie culturelle de l'acculturation. Les vieilles hautes civilisations sont séparées idéologiquement de leur continuité arabe et de l'essor contemporain comme s'il s'agissait de deux mondes différents. « Carthage » (ici comme notion fonctionnelle de l'historiographie européenne) doit éviter le souvenir de la ville actuelle de Tunis. La Cyrénée ne permet pas d'association avec la Libye. La Mésopotamie n'a rien à faire avec l'Iraq. Ici aussi le Raʾs aš-Šamra qui est important pour l'évolution de l'écriture, trouve sa place. L'origine de l'alphabet européen ne doit pas être un village syro-arabe. Le nom d'Ugarit doit empêcher l'association. L'acculturation est un leitmotiv de la présentation de l'Orient par les européens. Cependant, la conséquence inhérente à cette idéologie scientifique ne peut manquer de se faire jour. La science conduit elle-même à l'absurde. Elle s'évapore en science-fiction.

L'eurocentrisme ne permet pas une interprétation idéaliste, mais seulement une interprétation matérialiste. Il reflète la quête de supériorité, domination mondiale et prise de possession globale. L'eurocentrisme est l'idéologie de l'homme blanc qui est cristallisé autour de l'avantage égoïste, ignore les besoins de l'homme total et méprise les intérêts universels. Il ne cherche que le profit à court terme, il se moque des stratégies de survie à long terme. Il est représenté par Machiavel, Hobbes et Nietzsche – et non pas par Ibn-Sīnā, Farābī, Ibn-Rušd et Ibn-Ḫaldūn. L'eurocentrisme a réussi à légitimer politiquement l'homme blanc dans son rôle d'homme supérieur. La notion d'Europe n'est plus une désignation géographique pour un continent parmi d'autres. L'eurocentrisme est plus qu'une contemplation hautaine et méprisante des peuples et cultures extra-européens. Il ne peut cacher la complicité de la science bourgeoise avec la domination impérialiste. L'eurocentrisme est le racisme dans la science.

2. Quant à la critique du positivisme dans l'histoire

La notion de positivisme dans le sens de cette théorie se déduit du latin Positiva (pl.) « faits ». Par cela on a dit aussi à quelles exigences correspond cette théorie. Elle attend d'une science, à savoir dans ce cas l'histoire, qu'elle se restreigne à la présentation de faits. Comme nous nous occupons dans ce qui suit, de la critique du positivisme, nous devrions prendre la précaution de souligner la conviction de ce que l'étude de faits ne peut être en soi l'objet d'une critique. C'est une exigence naturelle et généralement reconnue de la science que de chercher ce qui est un fait indéniable et n'est pas douteux. La joute épistémologique avec le positivisme se tourne plutôt autour de la question de savoir comment le matériel factuel trouvé doit être traité et interprété et quelles conséquences il y a à en tirer. Tandis que le positivisme réduit la tâche de la science à la constatation du positif, donc des faits, je crois qu'il est nécessaire de développer des moyens théoriques qui le permettraient de mettre de l'ordre dans les connaissances accumulées, de les lier et les coordonner, de les interpréter et de leur donner un sens et d'en tirer non en dernier lieu les conséquences pour la pratique. En fait, la fixation du positivisme sur les faits a eu pour conséquence qu'il y a maintenant une accumulation d'informations qui dépasse notre capacité intellectuelle, mais qui ne peuvent être réunies à une vision d'ensemble et qui, pour autant, ne laissent pas voir un sens de l'ensemble. Déjà à ce niveau élémentaire de la discussion, la nécessité d'une théorie s'impose. L'absence de théorie du positivisme – par rapport à un assemblage de faits selon des catégories théoriques supérieures – a pour conséquence une addition bête de résultats scientifiques, où la casualité de la date de parution détermine le point de vue de la publication. Malgré la renonciation à l'exigence d'émettre des critères pour la valorisation des faits (c'est ici que se termine, selon la compréhension positiviste, la tâche de la science), le positivisme a pris malgré lui une position théorique. L'absence de théorie est une forme particulière de théorie. Elle est anti-théorie, donc en dernier lieu une théorie (c'est-à-dire: la théorie qui interdit toute théorie). On ne doit pas sous-estimer les conséquences qui en résultent. Les gens possèdent des informations, mais ils ne savent pas ce que sont les conséquences de ce savoir pour leur représentation du monde, de l'histoire et de l'homme. Le positivisme crée les antécédents pour le fait que les hommes sont manipulables. Ils reçoivent des informations, mais ils ne sont pas en possession d'une structure abstraite qui leur permette de renforcer leur capacité à la critique et au jugement. Le positivisme étrangle la disposition à la réflexion de ses adhérents.

Résumons quelques points importants de la critique relative au positivisme de l'histoire:

1. Selon l'auto-compréhension, la réduction du positivisme à la présentation de faits doit protéger de la formation de légendes et de l'influence idéologique. C'est un paradoxe que la réduction positiviste a eu pour effet justement le contraire, car les lecteurs abordent sans armes (théoriques) l'objet, le fait; par conséquent, ils sont d'autant plus manipulables.
2. Le positivisme est une méthode réductrice, reproductive! L'historien représent l'histoire. Pour cela, il cherche des sources convenables. On cherche le matériel. Le positiviste renonce à la réflexion théorique et à la valorisation socio-politique du matériel. Ce qui lui en reste, est la reproduction. On ne reproduit à nouveau que ce que des auteurs ont consigné par écrit avant nous. Par conséquent, ce qui avait été écarté de la vue, doit rester encore écarté. On reproduit en même temps la subjectivité par une source subjective utilisée. C'est donc une fiction si des positivistes croient que leur méthode est une protection contre la formation de légendes, de la subjectivité et de l'intérêt de la connaissance. D'une façon consciente ou inconsciente, l'auteur écarte des parties de la réalité en faveur d'autres parties. La contemplation de l'histoire est comme un cône lumineux qui surdétermine une section et qui met dans l'ombre le reste de la réalité.

3. Le cercle herméneutique du positivisme historique et l'illusion de l'objectivité. Le positivisme est la reproduction d'un rapport manipulé et du moins subjectif.
4. La pensée positiviste détruit le sens des corrélations de l'histoire longue, des déroulements historiques cruciaux et de la question de principe de la causalité. C'est en tant que fait – dans le sens du positivisme – qu'un évènement ponctuel est évoqué. Ici, de nouveau, la contemplation de l'histoire se réduit au rapport de cet évènement qui est considéré comme preuve à l'appui et comme élément pour la factualité de l'évènement. Il est nécessaire d'objecter à cela, qu'un rapport ne représente point la facticité et l'objectivité de l'évènement, mais reflète la prise de position, l'intérêt, au moins le point de vue de son auteur. D'autre part, des « procès à long terme » ne sont consignés dans aucun rapport, car ils occupent des laps de temps qui dépassent les générations et qui ne peuvent par conséquent être décrits par un seul témoin. Ce que l'on dit des périodes longues, est en analogie valable pour l'effet à longue distance d'évènements qui eux non plus ne peuvent être embrassés du regard par un seul rapporteur. La présentation positiviste de l'histoire est en conséquence nécessairement ponctuelle, événementielle.
5. Le fait, au sens du positivisme, n'embrasse pas le « contre-fait », par exemple: un comportement historique tel que le « silence » et le « refus » n'est pas un objet pour le positivisme. Même s'il est saisi, alors c'est de nouveau de manière ponctuelle, événementielle (p. ex.: « Il ne s'ensuivit aucune réaction »).
6. La science de l'histoire positiviste n'a non plus de prise sur l'*histoire d'en bas* parce que celle-ci n'a pas été consignée par écrit.
7. La question du *choix* des faits n'est pas à négliger. En règle générale, une époque offre plus de faits qu'un collectif d'auteurs peut décrire. Le choix des faits est une question théorique, mais c'est aussi une décision politique. Le positivisme se trompe lui-même s'il s'attribue neutralité de valorisation. Le choix

des faits dépend de la conscience du rapporteur contemporain et du chercheur ultérieur.

Selon l'auto-compréhension propre au positivisme, sa prétention n'est que celle de la quête des faits, la pure constatation de faits. Le positivisme renonce à priori à une performance théorique qui dépasserait les faits. Le positivisme est – vu de plus près – devenu un « *négativisme* ». Il nie tout ce dont les positivistes ne purent s'approprier par la possession de dossiers. Aussi le positivisme correspond-il aux besoins des dominateurs: Evacuation de la réalité historique par l'annihilation de dossiers.

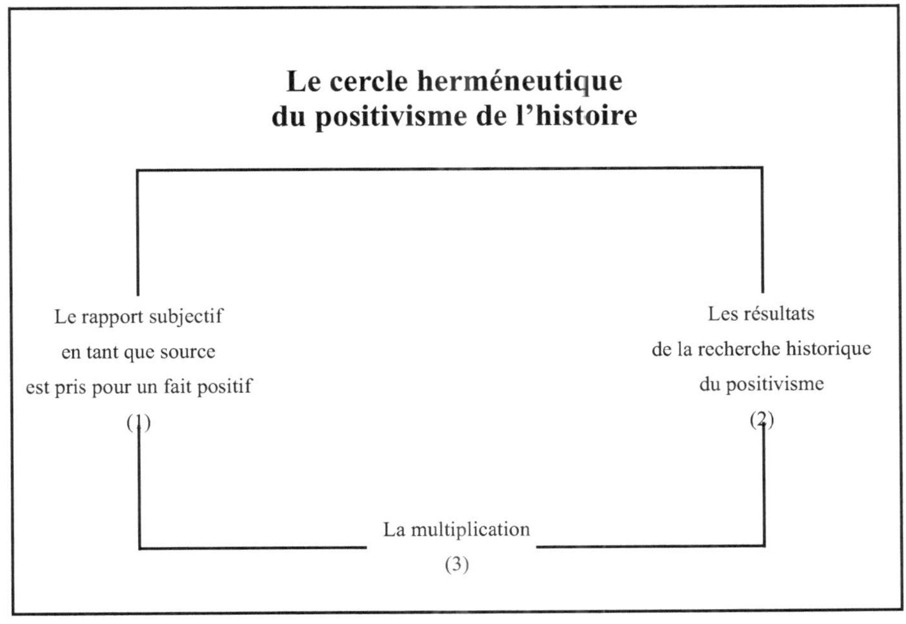

La destruction de la conscience historique

C'est l'inversion de cette thèse qui est la redécouverte de la dimension historique. Thèse et antithèse seront traitées dans le premier chef du chapitre « Théorie universaliste de l'histoire » où nous insisterons sur la nécessité de développer une nouvelle compréhension de l'histoire et une méthode conforme à cette exigence de la science de l'histoire.

3. Critique du « matérialisme historique » (ici en tant que théorie de l'histoire)

La critique du « matérialisme historique » dans sa variante des pays de l'Est en tant qu'eurocentrisme se distingue de la critique du positivisme historique.

1. « L'évolution des forces productives »
Le point de départ et le cœur du matérialisme historique est le modèle de l'évolution des forces productives. Un type de production donné – il y a dans le matérialisme historique cinq types de base – est le fondement pour les rapports de production qui lui correspondent (« contradiction fondamentale » de la société). Les forces productives se développent plus vite que les rapports de production jusqu'à ce qu'une contradiction plénière entre les forces productives et les rapports de production se déploie entièrement. La conséquence inévitable en est la révolution sociale.
Le « progrès technique » fonde d'une manière générale à cet endroit la notion de recherche. C'est aussi lui qui détermine en dernière instance le comportement politique et qui déclenche l'action révolutionnaire.
Cette thèse de principe du matérialisme historique mène à deux conséquences majeures:

a) On admet que le développement des forces productives est le moteur proprement dit de la dynamique historique.
b) Le procès historique est déterminé objectivement. Le facteur subjectif est subordonné au facteur objectif.

La question de savoir qui est au sens propre le véritable sujet de l'histoire, demeure sans réponse.

Les structures sociales déclenchent des procès objectifs qui conditionnent des développements correspondants. Le matérialisme historique oublie que ces structures ne sont pas nées indépendamment de la volonté humaine. Si les structures se sont une fois établies, elles prennent leur dynamique propre. Cependant, on ne doit pas oublier qu'elles sont anthropogenes. Sur la base de la théorie concernant le rôle des forces productives dans l'évolution, le facteur subjectif ne pouvait entrer suffisamment en ligne de compte. Dans le matérialisme historique, l'homme apparaît plus comme objet et moins comme sujet des rapports sociaux. Cette idée se trouve déjà dans l'œuvre de Marx qui l'a exposée dans sa préface à l'« Introduction à la critique de l'économie politique »: Ce n'est pas la conscience des hommes qui détermine l'être, mais l'inverse: « C'est leur être social qui détermine leur conscience. »[9] Cependant, la résolution du problème de la relation entre l'« objectif » et le « subjectif » n'est jusqu'à aujourd'hui, guère satisfaisante. Comme conséquence de la thèse de l'évolution des forces productives, le marxisme prime l'économie devant la politique. C'est dans le *Kapital* que Marx a analysé cette thèse de manière fondamentale.

2. « Le primat de l'économie »

Les structures économiques ont un poids tellement lourd pour la société que la politique ne s'aligne qu'aux contraintes de l'économie. Cependant, le matérialisme historique restreint ce primat aux sociétés de classes productrices de marchandises et il affirme que dans le socialisme, c'est la politique qui a le primat sur l'économie.

Même avec cette restriction, cette thèse n'est pas correcte. Il n'y a pas de doute que la base économique donne le cachet à la superstructure politique et qu'elle influence de manière décisive. Ce qui n'est pas correct, c'est l'idée d'un mécanisme socio-économique. C'est dans le *Capital* que Marx nous a fourni l'esquisse d'une société qui se meut selon les contraintes de l'économie. Il suivait en cela l'économie nationale telle qu'elle fut enseignée en Angleterre. Il est vrai qu'il souligne de lui opposer une antithèse; cependant à y regarder de plus près, on remarque que Marx ne

---

9 Marx, Karl, Zur Kritik der politischen Ökonomie, Vorwort, Berlin, (impression de l'année) 1971.

quitte pas le terrain de cette pensée économique. Le mythe des « lois de mouvement de la production mercantile » est devenu le signe caractéristique de la pensée marxiste.

A l'économie marxiste, on doit opposer à cet égard deux points de critique:

a) Dans la société de production mercantile, les intérêts d'économie et de profit déterminent le comportement humain, ils n'excluent tout de même pas la pensée et l'action consciente. La dominance de l'économie n'est pas absolue, mais relative. En beaucoup de cas, l'économie doit obéir à la politique. L'idée de « lois » est une fiction. Les hommes agissent politiquement; ils n'obéissent pas aveuglément aux contraintes de l'économie. Une « situation de crise » (comme exemple) ne conduit pas automatiquement à des conséquences nécessaires. Les hommes sont en face d'une série de possibilités d'agir alternativement. Il y a au moins des possibilités de choix dans une mesure restreinte. Une décision sur la guerre ou la paix est, certes, influencée par des motifs économiques, mais reste en dernière instance une décision politique. Je concède, à dire vrai, qu'une quelconque société peut atteindre un niveau tellement bas qu'elle laisse le libre jeu au développement économique et que les hommes n'ont plus la force d'y opposer un contre-courant éthique. Dans ce cas, l'évolution est déterminée objectivement, c'est-à-dire qu'elle ne se meut que selon des contraintes de production et non pas selon les besoins des hommes. On ne doit pas oublier qu'un tel procès est possible d'une façon anthropogene (=subjective). Ceci veut dire que les hommes en sont responsables. Dans une telle société, ce sont l'égoïsme, l'accaparement et l'action économique sans scrupules qui règnent. Ce fut aussi le climat social dans lequel Marx a vécu et travaillé. A partir du 19ème siècle, la dimension des valeurs a presque entièrement disparu.
b) En tous temps, il y a eu des forces sociales et des mouvements qui ont voulu et pu barrer la route aux « contraintes » économiques et intérêts de puissances. Parmi eux comptent les « mouvements de justice dans l'Empire arabe », les

« Qarmṭes », les « Chiliastes », les « socialistes utopiques » et beaucoup d'autres encore. Leur influence sur la marche de l'histoire n'a pas pu manquer.

Par contre, la critique bourgeoise du marxisme n'est pas correcte si elle dit qu'il explique les procès historiques d'une manière monocausale. Ce reproche stéréotypé souligne clairement que peu d'auteurs de cette critique ont compris le système de pensée marxiste. Ou alors, ils le réduisent à un niveau qui leur permet la critique. Par contre, le matérialisme historique a eu pour mérite de mieux relier des facteurs divers entre eux que jamais la science sociale bourgeoise n'a pu le faire. Ce qui est juste est que le matérialisme historique a établi le modèle de la base et de la superstructure. Selon ce modèle, c'est la base économique de la société qui est primaire (non pas monocausale!), et la superstructure est secondaire. C'est non seulement la base qui détermine la superstructure, mais aussi inversement. La superstructure doit correspondre à la base, elle garde cependant une dynamique propre de sorte que la base et la superstructure peuvent diverger – ceci seulement jusqu'à un certain degré. Le matérialisme historique n'est pas monocausal. A l'aide de la méthode dialectique, il a même réussi à réunir des facteurs non seulement correspondants, mais aussi contradictoires. Le cliché de la « monocausalité » renvoie à ses auteurs qui paraissent être surmenés par la dialectique marxiste et qui ne peuvent penser que d'une manière unidimensionelle.

3. « Toute histoire est l'histoire des luttes des classes »

Pas toute l'histoire n'est l'histoire de lutte des classes. Depuis que Marx a prononcé cette phrase (première phrase du *Manifeste communiste*), elle est prise pour la pierre de base et point archimédéen lors de l'interprétation historique. Les contradictions des classes sont sans aucun doute une force motrice d'histoire, elles ne sont cependant pas la seule ni la plus importante. A côté de la divergence des classes, il y le consensus national. Les guerres étaient plus importantes que les luttes des classes: une nation contre une autre. Les contradictions de classes furent subordon-

nées aux intérêts nationaux. L'agresseur organisait les classes de son propre pays contre un ennemi extérieur. Le pays agressé tenait à coordonner également ses propres rangs pour pouvoir se défendre contre un ennemi étranger. La contradiction entre la domination étrangère et la lutte de libération nationale jouait un rôle beaucoup plus important que l'opposition des classes de chaque pays en question. La structure des classes a même été exploitée au service de l'expansion respectivement de la défense. Elle se reflète par exemple dans l'hiérarchie militaire.
Dans un autre sens, la transformation en l'absolu de la lutte des classes en tant que force motrice de l'histoire n'est pas justifiée. Si nous partons du fait que la société en tant que forme d'organisation humaine existe depuis 40.000 ans, il est à constater que les structures de classes ne se sont formées il n'y a guère que 5.000 ans (seulement avec la propriété privée des moyens de production, c'est-à-dire du sol et du terrain). Si le matérialisme historique avait raison sur ce point, l'humanité n'aurait pas eu d'histoire jusque là. En fait, le matérialisme historique aboutit au résultat en suivant sa propre logique à savoir que la génèse de la première société de classes a été un progrès (« progrès dans la régression », Engels). En ce point, le matérialisme historique se perd dans des contradictions. D'un côté la formation de classes est stigmatisée comme catastrophe puisqu'elle engendre l'exploitation et l'oppression; elle doit être combattue. De l'autre, elle est le fondement du progrès de l'humanité (le marxisme entend ici aussi le progrès comme développement des forces productives. Il y a donc en ce point un consensus d'avec la progessivité technologiquement comprise bourgeoise).

4. Le théorème-des-cinq-époques

Prisonnier de son propre système de pensée, le marxisme est obligé de mener sa démarche intellectuelle jusqu'au bout et de trouver – à partir de sa propre logique – la solution pour la tragédie humaine de la division des classes. Ainsi, il arrive à la « table des cinq époques » de l'histoire humaine. Celles-ci sont les suivantes: 1) communisme primitif, 2) société esclavagiste, 3) féodalité, 4)

capitalisme, et 5) socialisme. Selon la compréhension historico-matérialiste, cette progression est chaque fois un progrès.[10]
La critique du modèle des cinq époques a lieu sur plusieurs plans. D'abord, les cinq formations historiques ne sont pas universelles. Quant à chaque époque, on doit en outre constater qu'elles ont été faussement caractérisées.

i « Le communisme primitif »

Il y avait une propriété collective ou communautaire des moyens de production. Cette forme de propriété n'était ni propriété privée, ni état d'absence de possession. Le principe de la propriété communautaire était réglé par des lois conventionnelles. Des moyens de production importantes, surtout les sources d'eau, le sol et le terrain et les ressources naturelles, étaient repartis entre les tribus d'une certaine région habitée. Dans ce premier ordre de société de l'humanité, il y avait déjà des inégalités, quoique moindres que dans les suivantes sociétés de classes. Les plus importantes en sont:

a. La différenciation sociale née des positions de puissance, de la situation stratégiquement importante, de l'accès à des ressources naturelles importantes convoitées par tous les hommes.
b. Des droits conventionnels avantageux et des privilèges.
c. La division de travail selon le sexe.
d. Agressions et vols des plus forts contre les plus faibles, il est vrai non pas comme règle, mais ils furent fréquents lors des situations extrêmes, telles que les sécheresses et les catastrophes naturelles.

---

[10] C'est cette idée du progrès que J. W. Stalin énonce dans: Dialektischer und historischer Materialismus, texte et commentaire chez: Khella: Dialektischer und historischer Materialismus, Hamburg 1979, en particulier p. 155 ss. Par rapport au modèle des cinq époques: « *Die Geschichte kennt fünf Grundtypen von Produktionsverhältnissen* (…) » Stalin, ibid., p. 156.

ii « La société esclavagiste »

Elle existait principalement à Rome, Athènes et Sparte. La plupart des peuples du monde pouvaient empêcher l'établissement d'une société esclavagiste – tout en montrant des exemples isolés d'esclavage.

iii « La féodalité »

La formation prétendument universelle de la féodalité fait preuve en la comparaison surrégionale d'autant de différences que de communautés. Dans la pratique de la science de l'histoire, la notion de « féodalité » ne s'avère point comme étant d'une grande aide. Les systèmes qui ont été reliés sous cette rubrique, divergent tellement que l'homogénéisation et le nivellement n'aiguisent point la vue, mais au contraire, la détériorent. La subsomption de la féodalité européenne et de l'ordre social du Califat sous la même notion induit en erreur. C'est qu'en Europe, le servage prévalait, dans l'Empire arabe, le paysan libre était la règle. En Europe, il y avait la propriété privée, dans le Califat, il y avait la propriété étatique du sol et du terrain. La supposition d'un système universel de la féodalité est la raison du manque de souplesse des historiens du socialisme réel lors de l'interprétation et de l'analyse de l'époque correspondante dans une région géographiquement définie.

iv. « Le capitalisme »

Par essence, il n'est rien d'autre que de colonialisme et d'impérialisme. En cela, il est le successeur de l'Empire romain (selon la vue historico-matérialiste une société esclavagiste), de Byzance et des croisades (dans le sens du matérialisme historique « féodalité »). Au lieu de capitalisme, on devrait dire plutôt « colonialisme-impérialisme ».

v. « Le socialisme »

Celui-ci présuppose selon la conception marxiste inévitablement le capitalisme. Notre recherche historique nous démontre cepen-

dant que l'édification du socialisme a été un but dans toutes les époques et qu'elle a été pendant longtemps commencée.
Alors, le marxisme se trouve devant la tâche théorique, proprement révolutionnaire de fonder maintenant scientifiquement, c'est-à-dire de déduire historiquement cette société socialiste souhaitée. La résolution de ce problème théorique est entreprise par le matérialisme historique en interprétant réciproquement l'histoire passée jusqu'à maintenant. La construction du schéma des cinq époques en fut le premier pas. Chaque époque historique se termine par une révolution sociale et est remplacée par la suivante. L'une de ces révolutions est déterminante. Elle tire un trait final sous toutes les sociétés de classes et conduit à la société sans classes. Ce n'est que la dernière société de classes, le capitalisme, qui produirait la classe proprement révolutionnaire, le prolétariat qui seul est capable de détruire le capitalisme. Puisque le capitalisme a besoin de la classe ouvrière et qu'il est obligé par conséquent de prolétariser de plus en plus les paysans, il crée les conditions de sa propre chute. « Le capitalisme creuse son propre tombeau. » La révolution socialiste est la dernière de toutes les révolutions. « La préhistoire de l'humanité sera terminée; sa véritable histoire commencera » (Marx).

I.	Préhistoire et histoire primitive	Communisme primitif
II.	Antiquité	Société esclavagiste
III.	Moyen-Age/médiévistique	Féodalité
IV.	Temps moderne	Capitalisme
V.	Avenir/futurologie	Socialisme/communisme

Tableau synoptique des cinq époques

Une connaissance exacte de l'histoire conduit cependant à d'autres résultats que ceux auxquels le matérialisme historique est arrivé. Dans toutes les époques des sociétés de classes, il y avait une grande disposition à l'action révolutionnaire. Certes, la situation de classe était un motif important pour la révolte. Cependant, le couplage marxiste entre la situation de classe et le comportement

révolutionnaire est un court-circuit. L'appartenance à une classe – exploitée – ne fonde pas à elle seule un comportement politique résolu. Non moins significative que l'appartenance de classe est l'« identité ». Le comportement de fomentation consciente est en effet motivé en premier lieu par le fait que les révoltés s'identifient à un certain projet de vie. Un tel concept socio-politique pourrait s'appuyer sur des utopies, convictions, visions politiques, alternatives sociales, buts idéels ou motifs religieux. Les mouvements de justice dans l'histoire des peuples arabes possédaient une grande force d'attraction et ils provoquaient un effet mobilisateur considérable. Ils englobaient les classes. Certes, les masses exploitées et opprimées justifiaient le mieux la rébellion. Elles fournissaient la base sociale de la révolution et elles étaient depuis toujours les groupes visés par les appels révolutionnaires; ceci n'est pas non plus sans une bonne raison. Elles n'avaient rien à perdre, à part leur misère. Elles ne pouvaient que de profiter d'un changement fondamental de la structure sociale. Un « changement » ne représente au premier abord cependant qu'échange dans les rapports de forces. Il ne signifie pas nécessairement une émancipation de l'ensemble de la société. Ce problème a été résolu théoriquement par le marxisme à travers de son analyse du capitalisme. Au cours d'une concentration progressive du capital et de la centralisation de la production, c'est la prolétarisation qui prend place complètement. Ainsi, l'autolibération du prolétariat serait l'équivalent d'une émancipation de l'ensemble de la société.
Certes, ceci serait une chance, si cette prognose se réalisait. L'erreur de pensée de la théorie révolutionnaire marxiste consiste en sa globalisation de la société et représentait en conséquence linéairement la division en classes. Le marxisme supposait qu'un prolétariat mondial s'insurgerait contre la bourgeoise internationale. Il n'a pas compris que l'opposition en classes est subordonnée à la scission du monde en Nord et Sud. Les travailleurs des métropoles sont devenus un facteur de puissance de l'impérialisme dans sa subjugation des peuples: d'un côté, ils forgent des armes dans des buts d'invasion, de l'autre, ils fournissent l'infanterie pour les guerres d'agression.

C'est précisément la thèse des cinq époques qui démontre l'eurocentrisme du matérialisme historique. Si tant est qu'il y a cinq époques, elles ne peuvent être démontrées que par l'histoire européenne; et ici de nouveau par l'histoire de trois villes – Rome, Athènes, Spartes. Le marxisme traite l'histoire des peuples extra-européens d'une arrogance européenne caractéristique. Il marginalise l'Afrique et l'Asie. Marx a parlé du « *mode de production asiatique* » comme contre-projet à l'évolution européenne. Le marxisme ne s'est même pas donné la peine de caractériser le « *mode de production asiatique* » qui fut appelé ainsi par lui. Nous nous rappelons que le marxisme a prétendu « caractériser dialectiquement » les phénomènes, d'où il s'ensuit qu'un phénomène, une société ou un objet est caractérisé selon ses contradictions internes et non point selon son apparence. Dans le cas du « mode de production asiatique », le marxisme ne semble pas avoir cru bon de tenir ses promesses. A ce propos, l'expression géographique (donc adialectique) ne fut pas même pertinente: « Mode de production asiatique » est une métaphore pour des rapports de production qui ont régi sur les cinq continents et qui étaient déterminants pour des grandes régions habitées.

Le matérialisme historique demeurait aussi eurocentrique dans la mesure où il a ignoré les sociétés socialistes dans l'histoire des peuples extra-européens. L'ère socialiste la plus longue du point de vue de l'histoire universelle est celle des Qarmṭes qui dura deux cents ans. Le matérialisme dialectique n'a jamais pris connaissance de cet ordre de société, encore moins analysé et exploité. La réalité historique de cette société contredit les thèses fondamentales du matérialisme historique qui porte le cachet européen.

5. « Le déterminisme historique »

On désigne par déterminisme historique le caractère nécessaire de certains procès historiques. La théorie de la contradiction a été interprétée dans le socialisme réel de telle façon que la lutte des contradictoires ne conditionne non seulement la dynamique

des phénomènes, mais qu'elle conduit aussi à des conséquences tout à fait déterminées. Appliquée à l'histoire, la génèse de la première société à partir de la société primitive a été déduite comme une conséquence nécessaire. De la même façon, le changement successif de chaque formation sociale ultérieure par une autre, mais aussi la suite de priorité de toutes les époques historiques furent compris comme inévitables. Cette idée a profondément imprégné le vocabulaire du matérialisme historique. C'est rare que manquent les formules telles que « une époque est enceinte d'une nouvelle »; « sorti du sein d'une époque précédente »; « croissance d'une époque dans l'autre »; « nécessité historique » et d'autres encore ne manquent pas. Il n'y aurait rien à dire contre de telles formules, si elles étaient employées descriptivement. Dans le contexte des traités historico-matérialistes, elles servent pour circonscrire le fait de la détermination et de l'inévitabilité en particulier de la séquence de formations sociales.
L'historien qui jette un regard en arrière sur l'histoire, reconnaît une suite rendue réelle de phénomènes et de systèmes sociaux. La supposition historico-philosophique qu'il n'ait pas pu en être autrement, est un court-circuit. Ce qui est devenu réel, n'aurait pas dû inévitablement entrer dans l'histoire. Nous savons seulement que cette alternative d'action est entrée dans l'histoire et non pas une autre. Mais nous ne pouvons dire que ce qui est devenu réalité a dû nécessairement se produire ainsi. Le principe du déterminisme historique se trouve déjà esquissé chez Marx dans la préface à l'« *Introduction à la critique de l'économie politique* ». Le socialisme réellement existant en a fait un dogme, car ainsi il – le socialisme réel – a l'apparence d'être une conséquence inévitable de l'histoire. Celui qui s'opposerait à lui, sert la contre-révolution. Logiquement, chaque monographie sur le matérialisme historique devait prendre parti pour le dogme du déterminisme historique.

II.
Fondements de la « Théorie universaliste de l'histoire »

La nécessité d'une théorie autonome d'histoire était pour moi la conséquence de la délimitation tant par rapport aux écoles pour la plupart positivistes respectivement néo-positiviste dans l'Ouest que par rapport aux démarches historico-matérialistes de provenance marxiste et réal-socialiste et aussi par rapport aux orientations traditionnelles d'historiens arabes. L'« histoire » en tant que discipline professionnelle n'est pas sans présuppositions tout comme chaque autre science. Attitudes, cosmovision, idées, positions, préjugés et d'autres attitudes de base préconçues sont décisifs pour la compréhension et la présentation de l'histoire.

La science de l'histoire comme maillon de liaison entre toutes les disciplines:
Chaque discipline nous paraît comme une discipline séparée, indépendante l'une de l'autre. Tout au plus, il n'y a que des recoupements et parentés de nature formelle. En tout cas, les sciences représentent dans leur ensemble une unité organique intérieure. La ségrégation et l'atomisation de la performance cognitive humaine ne résultent pas de l'essence des sciences, mais par contre de la variante spécifiquement européenne. La pensée européenne est essentiellement unidimensionnelle. La cohésion épistémologique, épistémique et méthodique des science peut être illustré par le modèle suivant:

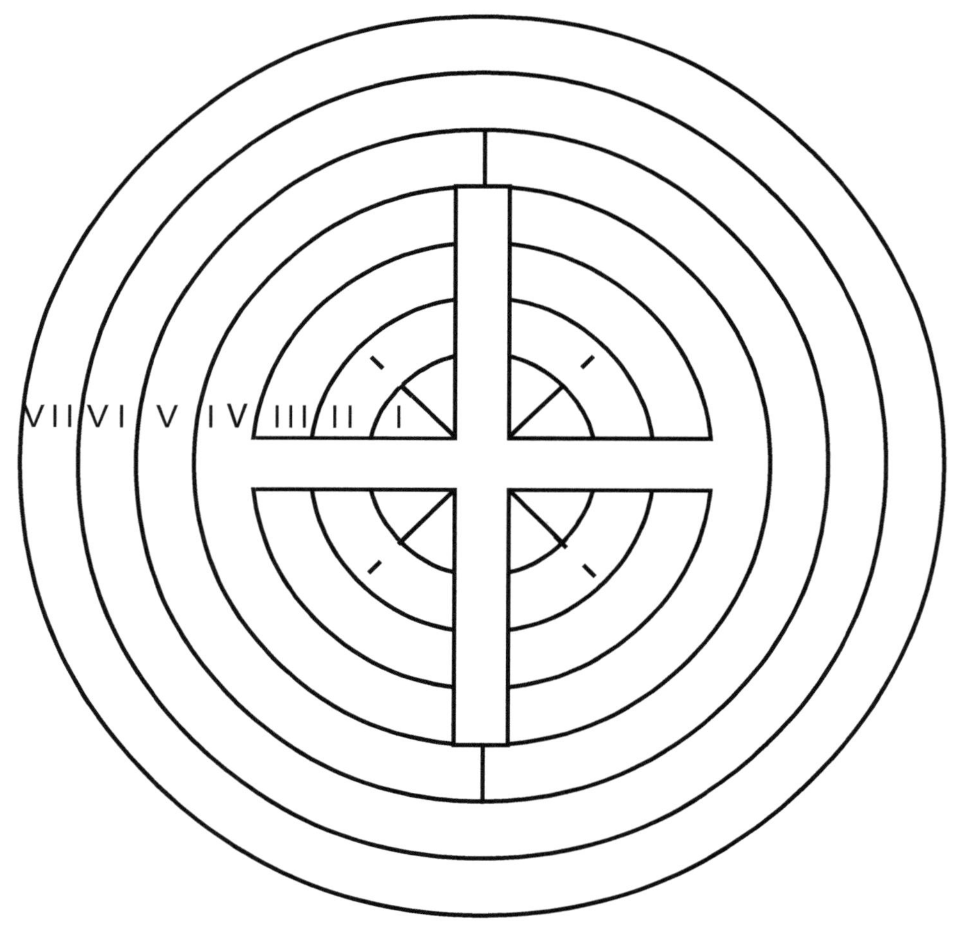

Dessin/modèle 1 – A

Une base gnoséologique commune est le fondement des sciences.

Premier niveau (en haut/à l'intérieur): Chaque triangle reflète une *discipline*, une matière quelconque, p. ex. « l'histoire », « la sociologie », « l'économie nationale », « la géographie », « la psychologie », « la pédagogique », etc. …

Deuxième niveau: *Méthodique de la science/méthodologie*: Déjà sur ce niveau, nous reconnaissons le rapprochement entre les sciences puisque les disciplines différentes appliquent des méthodes identiques. Exemple: L'expérimentation en physique et en chimie.

Troisième niveau: *Théorie de la science*: Les sciences se rapprochent l'une de l'autre encore davantage au niveau théorique parce que les présuppositions théoriques sont identiques pour les disciplines distinctes. Exemple: Toutes les sciences sociales en commençant par l'« histoire » pour terminer par la « sociologie », se fondent sur la gnoséologie du « matérialisme historique », de l'« empirisme », du « positivisme » ou de l'« universalisme ».

Quatrième niveau: C'est déjà au *niveau gnoséologique* que les sciences sont rassemblées en grands groupes.

Cinquième niveau: A ce niveau des *Chemins pour trouver la vérité*, il n'y a plus que les deux grands groupes des « sciences sociales » et des « sciences naturelles ».

Sixième niveau: La *cosmovision et la Weltanschauung* constituent une base commune de toutes les sciences.

Septième niveau: *L'image de l'homme et l'humanisme* décident, en dernière instance, du chemin de toutes les sciences.

Par exemple, il n'y a pas d'herméneutique propre à l'histoire qui ne serait pas valable aussi en physique. Le modèle montre la crise des sciences dans l'Occident qui a isolé et coupé le sommet de la pyramide en la séparant de sa base.

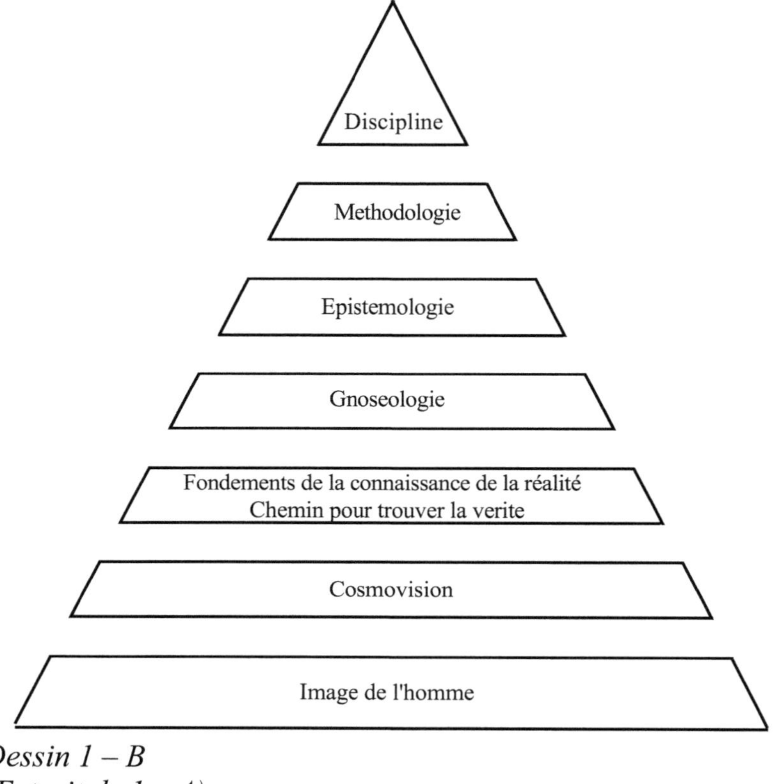

Dessin 1 – B
(Extrait de 1 – A)

Les sommets de la pyramide de la connaissance sont séparés (modèle 1 – A). Ce n'est que la base qui réunit toutes les sciences en une unité organique. Plus nous descendons d'en haut vers le bas, plus nous voyons clairement le système de parenté entre les disciplines. Le modèle montre non seulement la parenté des disciplines, mais aussi leur unité organique intérieure qui se cache derrière la spécialisation. Le modèle illustre indirectement la crise des sciences dans l'Occident où le sommet est coupé de la base de la pyramide et où, en particulier, les pics sont isolés l'un de l'autre.

1.
Redécouverte et recouvrement de la dimension historique

a) La destruction: Ce qui est propre à la culture bourgeoise est une destruction systématique de la mémoire historique. Naturellement, la discipline scolaire d'histoire occupe une place réservée dans le curriculum et dans l'horaire scolaire. Mais la manière d'enseigner l'histoire, ne se prête pas à l'élaboration de l'histoire, à en tirer les conséquences et à motiver les étudiants à l'action. L'histoire est transmise comme information ponctuelle sur du passé, comme un regard en arrière sans relation avec le présent. Le sens politique du découplage du présent d'avec le passé consiste à ne pas permettre que le présent, c'est-à-dire les rapports des forces en place, soit disponible pour la discussion, soit questionné. D'une façon exagérée, on pourrait dire que la matière de l'histoire est offerte sous des concessions pour satisfaire un besoin en informations et pour ne pas laisser se créer un vide. Ce qui reste de l'histoire, sont des dates isolées et des faits morts sans cohérence, sans continuité et seulement pourvus d'une connexion formelle d'avec le présent; c'est une sélection éclectique de points culminants et de motifs historiques, que l'on veut activer aujourd'hui pour des buts quelconques. C'est un paradoxe que d'opérationnaliser la discipline de l'« histoire » dans le but de faire ébrécher la conscience historique. Les médias complètent l'image de l'histoire, ou – plutôt – l'absence d'histoire. Quotidiennement, des journaux nouveaux voient le jour. Ils préparent les nouveautés d'une façon sensationnelle. Des nouveautés apparemment spectaculaires occupent la une. Des personnes d'intérêt public sont exposées sur grand format et font des déclarations que l'on croit importantes sans que leur valeur réelle corresponde au cadre qu'on leur donne. Le pouvoir de réflexion des récepteurs d'informations est couvert par des contenus qui doivent, il est vrai, occuper la conscience, mais non pas la changer. Des faits secondaires doivent détourner l'attention de l'essentiel. Il est rare que des faits soient mentionnés; dans la plupart des cas, il s'agit d'énoncés, par exemple des politiciens qui s'expriment sur

les problèmes supposés ou réels. Les niveaux de manipulation sont multiples. L'une d'elles consiste à occuper la place informative par n'importe quoi pour refouler l'essentiel, par exemple des notices d'importance internationale. La part des trois-continents consacrée au reportage est bien sous-proportionnée. La grande majorité de la population mondiale est marginalisée par la politique des médias pour être reléguée au bord de l'histoire par la Realpolitik. Une deuxième technique manipulatoire consiste à détruire la sensibilité publique par rapport à la capacité de différenciation du banal de l'important. Une « guerre » et un « jeu de football » sont placés l'un à côté de l'autre. C'est en partie le sport qui est aujourd'hui plus mobilisateur. En troisième lieu, on exclut presque totalement la réflexion sur des évènements, surtout en ce qui concerne leurs antécédents et leurs conséquences. On suggère aux récepteurs des médias que les évènements viennent de se passer juste au moment de la sortie de l'information. La presse parait chaque jour à nouveau et donne aux récepteur l'impression qu'il s'agit de nouveautés qui se sont passées le jour même. La radio offre même un service d'information heure par heure comme si quelque chose avait débuté au cours de l'heure passée. La parole, le son et l'image déconnectent l'information de ses antécédents. Alors que les récepteurs d'informations croient s'informer, on détruit leur conscience historique jour pour jour, oui, heure par heure. Maintenant il est dommage de constater que la méthode du découpage d'articles de journaux se soit imposée chez les jeunes scientifiques, mais aussi chez les plus âgés, qu'ils soient mis en ordre, classés dans des classeurs pour pouvoir les prendre pour des sources. La manipulation entre dans les œuvres d'histoire. C'est en se servant de ces classeurs qu'on forme les professeurs du secondaire, les journalistes et d'autres multiplicateurs. Le cercle herméneutique est parfait.
A la suite de la chute du socialisme réellement existant, la culture bourgeoise se sent assez forte pour annoncer encore plus offensivement la supériorité et la permanence du capitalisme. Pour cela, la destruction des possibilités qu'il y a pour réfléchir sur l'histoire, est nécessaire. La situation conjoncturelle du moment ne doit pas apparaître comme un épisode, mais comme le but final de

l'évolution humaine. Les rapports des forces ne doivent point être présentés sous leur forme éphémère, mais sous une forme durable. Les connaissances historiques enseignent cependant qu'il y a constamment des changements, à cause de cela, l'histoire n'est pas souhaitable. La capacité intellectuelle de penser en grandes dimensions, de comprendre des procès de longue durée et de saisir des phénomènes par des macrocatégories, est ressentie politiquement comme un facteur trouble et est soumise au démontage. Ce qui en reste est une forme de pensée atomique, une perspective rétrécie et une myopie. Sur le fond d'une culture caractérisée par l'absence d'histoire, des notions telles que « postcommunisme », « fin des utopies » et « Fin de l'histoire »[11] peuvent paraître plausibles à certains. En même temps que la conscience historique, c'est la capacité utopique de l'homme qui est détruite. L'absence d'histoire protège le status quo, la conscience historique le met en danger.
b) Quant à la nécessité de recouvrir de nouveau la conscience historique: L'homme est un être historique. Davantage, toute la réalité est historique. La réalité se développe à l'intérieur des dimensions historiques d'espace et de temps. Comprendre veut dire comprendre le devenir des choses. Une alternative qui serait différente de notre compréhension des phénomènes par leur historisation, n'existe pas. Ce qui reste en dehors de l'approche historique, n'est qu'une contemplation purement phénoménologique, superficielle. Il est vrai qu'il y a une dimension naturelle qui se meut à l'extérieur de l'histoire humaine, mais l'homme ne peut la saisir qu'à partir de l'intérieur de sa propre situation. A vrai dire, il est nécessaire de rendre opérationnelle méthodiquement l'approche historique de la réalité pour être applicable et correspondre aux différentes disciplines. Ce qui concerne la discipline d'histoire sera exposé plus loin en détail, par exemple la nécessité de déduire d'en bas vers le haut.
Un autre aspect de l'historisation n'est pas moins important. Elle ne sert non seulement à la compréhension théorique intégrée de la réalité, mais aussi à sa possibilité de changement. L'homme ne

11 Par exemple: Francis Fukuyama, *The End of history*, New York, édition allemande : *Das Ende der Geschichte*, München 1992.

peut intervenir dans l'être activement avec un but et un projet que s'il est conscient de son histoire. Chaque révolution commence par la pensée historique. Ce n'est pas un luxe que d'offrir dans le cadre d'une œuvre historique des réflexions sur la philosophie de l'histoire et sur les méthodes de la science d'histoire. De cela fait aussi partie l'intuition de la nécessité de redécouvrir à nouveau la dimension historique refoulée. Son recouvrement est une tâche d'urgence de toutes les sciences; il y a non seulement le devoir d'une quête de la vérité, mais aussi une obligation morale. Il est non seulement dans l'intérêt de l'auteur, mais aussi dans celui des lectrices et lecteurs de vouloir comprendre l'histoire pour pouvoir changer notre présent et mieux structurer le futur.

2.
Qu'est-ce que l'histoire?

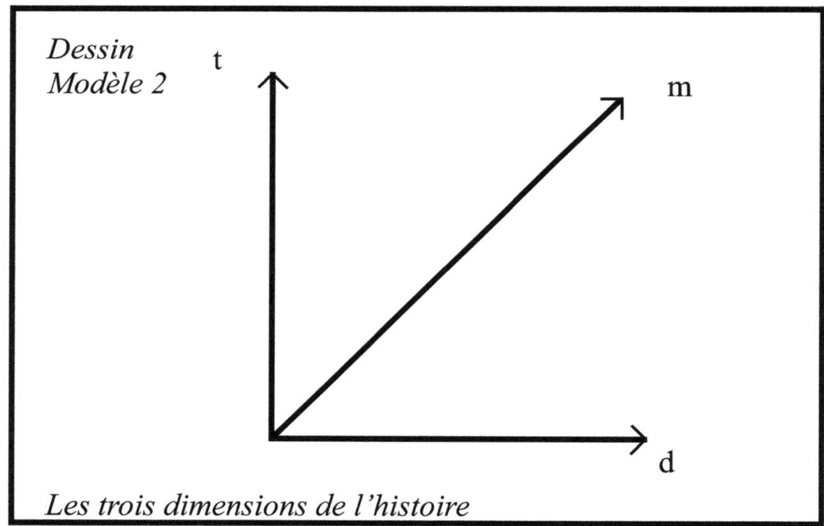

Les trois dimensions de l'histoire

Mouvement	m
Temps	t
Espace	d

Le mouvement crée la dimensions de temps et d'espace, il est primaire, le temps et l'espace sont secondaires.

Thèses relatives au rapport de l'histoire et du temps

Un livre scolaire pour la discipline historique, qui est utilisé actuellement dans des écoles allemandes, porte le titre: « *Eine Reise in die Vergangenheit* » (= « Un voyage au passé », note du traducteur). Les auteurs qui sûrement de bonne intention veulent rendre intéressante leur matière aux élèves, commettent une grave erreur. Ils contribuent à la tendance générale de détruire la conscience historique. Car si l'histoire est un voyage au passé, elle est coupée de notre présent. Si nous définissons « l'histoire comme la forme de mouvement de la société », elle n'est pas un voyage au passé, mais au présent. Pour faire comprendre cette thèse, nous faisons une réflexion sur la question: « *Le présent – est-ce qu'il existe?* »

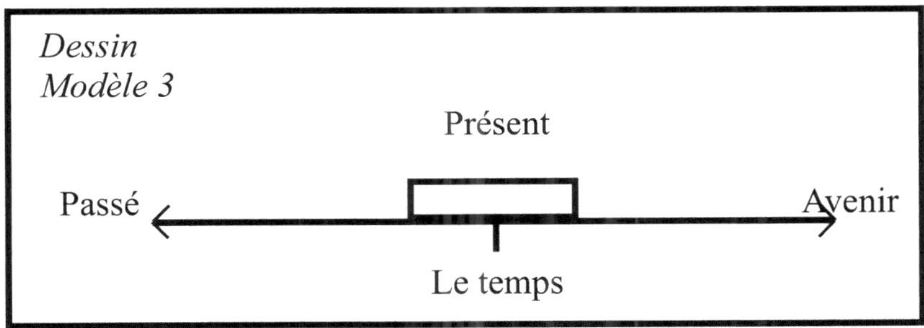

Le « présent » est une construction à partir d'éléments du passé et du présent. L'approche historique a pour but d'expliquer le présent à partir du passé. La vision révolutionnaire est celle qui l'explique à partir du futur. La théorie révolutionnaire anthropologique explique l'être présent tant à partir des composants du passé qu'à partir de ceux de l'avenir.

Le présent est un point de temps qui n'existe pas réellement. Une unité de temps est ou bien passée et est derrière nous, ou bien elle n'est pas encore arrivée et elle est devant nous. Il n'y aurait le présent, s'il était possible de fixer le temps. Le présent est par conséquent une construction. Il n'existe pas physiquement, mais historiquement. Il naît de l'assemblage d'une partie du passé et d'une partie du futur. Regardé de plus près, il n'y a pas trois, mais seulement deux dimensions du temps, non pas passé, présent et futur, mais seulement passé et futur. Une unité de temps ne s'arrête jamais, c'est pourquoi qu'il n'y a pas de présent. Cependant, il est utile de construire artificiellement un « présent » pour pouvoir analyser une prise instantanée de l'être humain. C'est à partir d'ici que la grande importance pratique de la science historique devient évidente (si seulement l'histoire est correctement étudiée). Inversement, on voit aussi clairement combien il est dangereux de détruire la conscience historique. Sûrement, la deshistorisation ne se passe pas d'une manière non voulue. Il y a un intérêt dominant qui se sent menacé par une connaissance plus précise de l'histoire et qui commet pour autant des falsifications d'histoire qui engendre l'absence d'histoire et qui favorise une machinerie scientifique qui se veut a-historique. De cela fait partie l'envoi en exil de l'histoire dans un passé qui est coupé théoriquement de notre présent. Nous voulons participer à la redécouverte de la dimension historique, à la renaissance de l'histoire et à la réintégration de notre génération dans un procès historique global. A partir d'ici seulement, la notion d'« historisation » devient clair. Elle veut dire: Historisation du présent, approche historique pour comprendre la réalité sociale actuelle. Le moment présent est ce qui est déterminé par l'objet de la contemplation. Le présent russe commence par exemple avec l'écrasement du socialisme réellement existant et avec la chute de l'Union Soviétique en 1990. Ce n'est non seulement l'objet, mais aussi la méthode d'approche de l'observateur qui détermine le point de temps où le présent d'un problème quelconque aurait commencé. Le présent de l'Amérique commença par exemple par la colonisation européenne en 1492.

Il dépend du caractère du problème combien d'histoire est présente. Si un malade cherche le médecin, on fait d'abord une anamnèse. Une maladie contagieuse commence par le fait d'avoir été contaminé. Dans l'autre cas, un germe est devenu virulent parce qu'il a rencontré un milieu préalablement endommagé. Donc, la présence de cette maladie n'a rien à faire avec l'infection qui avait lieu il y a deux semaines, mais avec une mauvaise santé, état existant depuis longtemps, par exemple il y a deux ans. D'autres maladies ont encore un présent qui dure depuis plus de temps encore qui peut durer quelques millénaires. Celles-ci sont par exemple les maladies qui naissent sur le terrain des loca minoris resistentiae (lieux de moindre résistance). Il s'agit d'endroits du corps anatomiquement faibles qui sont particulièrement prédisposés à des dérèglements ou changements pathologiques. Ces maladies se sont formées au cours d'évolution et anthropogénèse durant des millénaires. Elles deviennent tout d'un coup présentes, par exemple lors d'une hernie inguinale. La présentation de l'anthropogénèse n'est donc pas un voyage au passé, car nous la rencontrons encore dans la santé et la maladie. La réponse à la question: « Qu'est-ce qu'est que l'histoire? » est donc: « L'histoire est le présent sous l'aspect historique ».

3.
Qu'est-ce qu'« historisation »?

« Historique » ne signifie pas « geschichtlich ».
Les deux termes sont souvent considérés en allemand comme des synonymes et sont confondus fréquemment l'un avec l'autre. La différence essentielle peut être décrite de la manière suivante: « Geschichtlich » a un rapport au passé. « Historique » est dans un rapport de dépendance de la société. D'autre part, ces deux termes se superposent puisque la société rend présente l'histoire.

Que veut dire « historisation »?

Comme chaque phénomène a une histoire, la meilleur façon de la saisir est l'historisation. On désigne par historisation ou approche historique la déduction historique des phénomènes. Par conséquent, l'« historisation » est tant une *théorie* qu'une *méthode*.

1. *Objectif*: Les phénomènes évoluent sans interruption; on ne peut les comprendre que par leur évolution historique.
2. *Subjectif*: Ce n'est que par l'historisation que notre entendement acquiert une compréhension conforme à l'objet.

Quelques conséquences

1. Chaque contemplation de l'histoire part toujours du présent de l'historien, peu importe que celui-ci soit conscient de ce fait ou pas. Le point de vue du spectateur dans l'espace et le temps détermine sa compréhension de l'histoire.
2. La recherche historique fait une enquête pour savoir comment notre présent s'est formé, d'où résultent les défauts actuels et comment ils peuvent être corrigés. (« Rapport à la pratique de la science de l'histoire »).
3. L'« historisation » (= approche historique) constitue la voie optimale pour la compréhension de chaque problème et de chaque fait.
4. Les résultats de la recherche scientifique peuvent être vérifiés ou falsifiés en les soumettant à l'épreuve de notre propre expérience vécue.
5. Chaque compréhension de l'histoire influence à cause de l'action sociale sur le présent l'élaboration du futur. C'est en cela que réside la signification révolutionnaire de la conscience historique.

L'analyse historique a pour principe de s'orienter selon les principes et lignes conductrices suivants.

4.
La faisabilité d'histoire – Forces motrices objectives et subjectives

Un évènement a lieu si les conditions de son accomplissement sont remplies et qu'une force motrice le met en marche. La question concernant les conditions et les causes de l'évolution historique constitue le noyau de la dispute entre le matérialisme historique et l'idéalisme. Nous devons au marxisme l'établissement des conditions objectives du développement social. Les catégories de la « base et superstructure » furent d'une grande importance, ce sont, pour ainsi dire, les deux côtés d'une moule. Cependant, les écoles matérialistes avaient une tendance à attribuer trop d'importance aux parts objectives en déconsidérant les parts subjectives. J'ai développé à fond cette question dans mon livre « *Dialektischer und historischer Materialismus* ».

En vue de la pratique, j'ai souligné l'importance du facteur subjectif pour faire de l'histoire sur une base matérielle.

Nous voulons présenter, ci-dessous, le rapport de l'objectif au subjectif en relation avec la faisabilité de l'histoire.

1. L'homme se crée lui-même et sa société.
2. Le procès de la faisabilité d'histoire ne se déroule cependant pas d'une manière arbitraire, mais en dépendant des conditions objectives, sans lesquelles l'homme ne pourrait intervenir avec succès dans l'histoire. D'un autre côté, des conditions matérielles convenables ne sont pas suffisantes à elles seules pour produire une révolution historique.
3. Une révolution sociale (=un bouleversement social rapide) ne commence que si en même temps les conditions subjectives s'y prêtent.
4. Les conditions objectives peuvent être influencées subjectivement; leur maturation peut être accélérée ou ralentie.

5. Les hommes sont conscients de leurs intérêts. En formant la société selon leurs besoins, ils déterminent les procès sociaux par leur dépendance aux rapports de forces. La capacité à s'imposer et les possibilités d'action des classes, couches et groupements d'intérêt ne sont pas des grandeurs statiques et elles ne se développent pas linéairement, mais dialectiquement.
6. La principale différence entre le marxisme respectivement le matérialisme historique et la thèse que je soutiens, consiste dans le fait que l'école marxiste part du « *primat de l'économie* », moi, par contre, du « primat de la politique ».
7. Cependant je maintiens la découverte que la base économique est une déterminante qui fait autorité sur l'évolution sociale et que les intérêts matériels des hommes le sont pour leurs actions.
8. En conséquent, la société ne prend pas un cours quelconque, mais en dépendance des conditions objectives et présupposés subjectifs. Cette évolution n'est cependant pas déterminée, c'est-à-dire qu'une formation sociale ne se change pas nécessairement en une autre (ainsi que le dit la conception marxiste de l'histoire). Qu'un certain déroulement historique ait eu lieu, ne signifie pas que l'évolution historique n'aurait pas pu être différente.

5.
Théorie des « longues vagues »

Un évènement historique quelconque produit des vagues. Une vague physique prend son départ en un lieu donné et continue indéfiniment. Son déroulement en phases sinoïdes s'accomplit mécaniquement et obéit à des lois physiques. Dans l'histoire il y a des évolutions en forme de vagues. La vague physique comme exemple de comparaison nous sert ici à dépasser la représentation d'évènements en tant que ponctuels (ainsi dans le positivisme d'histoire). Des vagues historiques caractérisent le cours de l'histoire.

En utilisant la comparaison d'avec la vague physique, on doit se garder de s'approprier une représentation mécanique du monde (comme dans certaines écoles de la conception matérialiste de l'histoire). Lors de l'application de la théorie des longues vagues, c'est la question de l'origine d'une quelconque vague qui est intéressante. En fait, certains points s'avèrent comme particulièrement aptes à donner une impulsion ou pour être le point de départ d'une vague. En cherchant le point de départ d'une longue vague, l'historien se butte fréquemment à l'Egypte. Si l'Egypte est une puissance régionale, c'est qu'une vaste région habitée en profite. Si l'Egypte tombe, c'est peu à peu que l'ensemble d'une région tombe avec elle. Jusqu'en 1879, l'Egypte a existé en tant que puissance régionale. Sous la direction de grands politiciens tels que Muḥammad ʿAlī (1805-1849), Ibrāhīm (mort en 1848) et Ismāʿīl (1863-1879), l'Egypte devint une grande puissance régionale. Sa position protégeait les deux continents africain et asiatique contre l'avance du colonialisme européen. Ce n'est qu'avec l'endiguement de la puissance égyptienne dans le territoire de l'Est arabe que le colonialisme européen a pu prendre pied en Asie.

1831-1841	Etat arabe unifié avec siège au Caire.
1841	Départ de l'Egypte de l'Est arabe.
1848-1849	Maladie et mort de Muḥammad ʿAlī.

Parallèlement à cela:

Avance du colonialisme européen en Asie.

1848/49	L'Angleterre stabilise sa domination sur l'Inde.
1878	Congrès colonial à Berlin.
1879	Déstabilisation de l'Egypte, départ d'Ismāʿīl, intronisation de Tawfīq en tant que roi apparent par la grâce anglaise.
1882	« Ruin of Egypt » par l'agression et l'invasion anglaises. L'évènement ne fut pas seulement une tragédie pour l'Egypte, mais une catastrophe pour l'ensemble de l'Afrique; bastion et forteresse sont tombées. Ainsi les portes menant au cœur de l'Afrique sont ouvertes pour l'Europe.
1884	Congrès du Congo à Berlin.

Dans le positivisme, une chronique apparaît comme une accumulation de dates, due au hasard. Ce n'est que la théorie de la historisation qui est capable de relier les évènements et de faire valoir la logique de l'histoire.

Quant à la théorie des longues vagues

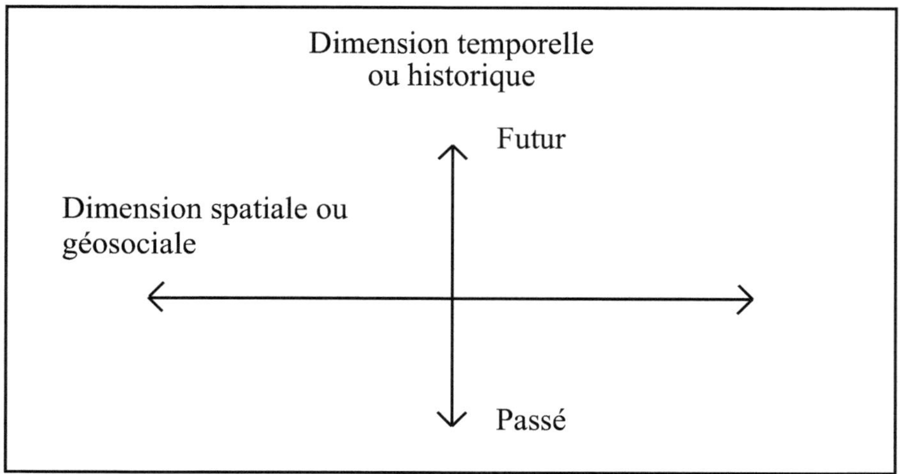

Explication du schéma graphique: Un évènement e qui a lieu à un endroit quelconque du globe (ligne horizontale) à un moment de temps quelconque de l'histoire (ligne verticale), produit des vagues: spatialement, c'est-à-dire geosocialement, universellement (axe horizontale) et verticalement (axe verticale). Un évènement ponctuel e peut être infinitésimalement petit; son effet demeure au-dessous du seuil de conscience. Ce n'est que par addition que beaucoup de petits évènements deviennent visibles. La portée des effets de l'évènement e est, il est vrai, future. Mais les vagues retombent aussi en retour dans l'histoire, dans le sens où le déroulement ultérieur des vagues antérieures est influencé, par ex. renforcé ou affaibli, accéléré ou ralenti. La puissance de la vague est une valeur nette qui – dit d'une manière abstraite – résulte de (a) la propre énergie E de la vague e, et (b) de la résistance opposée R. La vague elle-même est renforcée par l'addition des énergies d'autres vagues E + E + E …, respectivement affaiblie par l'addition de résistances R + R + R …

Une vague historique doit être vue selon son cours tant *horizontalement* que *verticalement*. C'est-à-dire, elle se propage d'un côté géographiquement, de l'autre historiquement, tant spatialement qu'aussi temporellement. Un évènement historique produit de vagues qui vont très loin dans l'espace. Ce qui est une vallée de vague pour une région est une montagne de vague pour l'autre (exemple: le « colonialisme » dans ses effets pour les peuples subjugués d'un côté et pour l'Europe de l'autre). L'évènement a cependant aussi des effets rémanents dans la dimension temporelle, aussi aux endroits où une relation avec lui n'apparaît pas à première vue. Le cours spatial de la vague nous amène au principe d'« *universalisme* » en tant que principe d'histoire, tandis que la vague temporelle nous conduit au résultat de regarder l'histoire comme des *procès à long terme*.

6.
Universalisme

Universalisme signifie que toute histoire présente un procès d'ensemble historique unique. La contemplation historico-universelle n'exclut pas les particularités d'une histoire régionale. La tâche de la science de l'histoire supérieure aux seules disciplines historiques consiste entre autre en une intégration des résultats de chaque domaine de recherche.

L'histoire régionale doit être vue en relation au procès d'ensemble historique, par exemple comment fut son effet sur l'histoire mondiale. L'histoire universelle doit moins être perçue comme somme d'évolutions régionales; celles-ci sont à analyser plutôt dans leurs effets réciproques. La contemplation d'histoire universelle se charge de comprendre comment les seuls segments du globe se sont influencés mutuellement, comment ils s'agrégèrent ou se désagrégèrent. L'universalisme comme démarche théorique d'histoire n'est pas un luxe, mais une nécessité. Il y a une nécessité urgente d'agir, de récrire l'histoire sous l'aspect universaliste. Cette nécessité peut être fondée de la manière suivante.

Toute histoire est l'histoire de domination et de contre-résistance. Le marxisme réduit cette question à la division en classes et en déduit les luttes de classes comme force motrice de l'histoire. Le féminisme est fixé sur la division en sexes ou le sexisme et en déduisait la marche de l'histoire.[12] Les écoles d'orientation psychanalytique considèrent que le refoulement des instincts (en allemand = Triebunterdrückung) est la force motrice de l'évolution culturelle (« Toute histoire est l'histoire du refoulement d'instincts et de l'évolution culturelle », Herbert Marcuse). La part des contradictions qui viennent d'être nommées au procès d'histoire ne doit certes pas être déniée. Cependant, l'erreur décisive des écoles nommées est l'exclusion du facteur supérieur, qui est la

---

12 Bornemann, Ernst: *Das Patriarchat* – Ursprung und Zukunft unseres Gesellschaftssystems, Frankfurt/M, Fischer 1979.

véritable force motrice de l'histoire, à savoir l'expansion et la soumission ou la contradiction entre la domination étrangère et la résistance. Dans l'inversion de ce facteur supérieur qui détermine toute la dynamique de l'histoire, se fait valoir l'eurocentrisme des auteurs. (L'intérêt eurocentrique consiste à écarter les crimes du colonialisme ou du moins à les relativiser).

L'histoire locale s'est déroulée ainsi sous l'un des deux aspects qui à la fois se complètent et s'excluent. Dans le premier cas, une formation sociale s'organisait pour s'agrandir et soumettre d'autres. La communauté humaine souffrante s'organisait pour s'en défendre. A la différence du marxisme, qui considère que la contradiction des classes est la contradiction la plus élevée et fondamentale et qui la rend ainsi absolue, je défends ici le point de vue que l'organisation en classes sert à la préparation et l'imposition du véritable but, de la domination et exploitation d'autres peuples.

La classe des travailleurs opprimée et exploitée de Marx est à voir aussi comme un exploiteur expansif. Marx voyait la classe ouvrière seulement dans la production et la différencia en « armée ouvrière active » (le terme « armée » se comprend ici non point militairement, mais comme expression de l'entreprise) et « armée ouvrière de réserve » (ce terme signifie les chômeurs). Par contre, il est correct de dire que l'« armée ouvrière » marxienne était une armée réelle dans le sens militaire, mais qui hors des engagements guerriers était occupée dans la production pour à nouveau produire principalement en vue de la guerre.

Pour éviter un malentendu possible, on doit souligner que la contradiction entre « domination étrangère et résistance » n'est pas la seule, mais bien la plus importante raison de l'universalisme. Avant l'intervention européenne (et ensuite des Etats Unis) dans la politique mondiale, les peuples ne menèrent généralement point des guerres mutuelles, mais ils soignèrent des relation de bon voisinage qui visaient l'équilibrage à l'amiable et l'échange pacifique des biens et des intérêts. C'est pourquoi que le fonde-

ment le plus important de l'universalisme est la communauté des expériences historiques des peuples.[13]
Il n'est pas permis de présenter l'histoire d'une société comme un système clos. Pour l'Amérique avant 1492, en analogie pour l'Australie et pour d'autres pays, il s'agit d'établir la relation, puisque la séparation des continents ne fut jamais complet et surtout pas d'une longue durée.

7.
Procès à long terme

Le positivisme d'histoire conditionne le démembrement spatial et temporel de la contemplation historique. On perd le sens du contexte. Il détruit la faculté de penser dans des ensembles. Le positivisme n'est que capable de présenter une histoire à court terme. Il s'agit alors de redécouvrir la dimension historique contextuelle et de récrire à nouveau aussi l'histoire comme des procès à long terme.
Une génération humaine est née à l'intérieur d'une réalité sociale. Celle-ci réduit son rayon d'action de liberté sans la supprimer. Les dominants et les dominés partent de cette réalité. Une étude plus profonde de la dynamique intérieure de l'histoire fait découvrir sans cesse des procès cachés qui se propagent à travers les générations et qui ne développent une nouvelle qualité qu'à long terme. Du cumul d'évènements ponctuels pousse une nouvelle vague historique qui se propage à partir de l'endroit local régionalement, ensuite universellement.
L'histoire de l'humanité montre dans les lignes fondamentales une continuité du plus haut degré, mais qui a été détruite dans notre conscience. Ce sont non seulement des ruptures et des discontinuités qui constituent notre histoire, mais aussi des continuités et des

[13] Particulièrement bien réussi sous cet aspect est le traité riche en connaissances et matériaux du chercheur iranien qui enseigne à Oldenbourg: Schapour Ravasani: Gāmiʿa bezorg šarq (La grande société orientale), Teheran 1991. Pour le traité paru en langue perse, il n'y a en allemand qu'un résumé.

développements à long terme. Entre continuité et discontinuité, il y a une dialectique. Le passage à de nouvelles qualités d'histoire ne se produit pas tout d'un coup (pour ainsi dire du néant), mais à partir d'une longue date.

La continuité est déterminée par des conditions objectives. Elle est conditionnée par le mode de production. Celui-ci reste stable, alors que les moyens de production changent. La continuité est déterminée par la permanence des classes sociales. Les dynasties changent. La stabilité des structures de classes reste inchangée pendant des siècles. Continuité ne signifie pas l'arrêt d'histoire. Elle est continuité du mouvement.
Continuité signifie la reproduction d'états identiques, mais non des mêmes. Le changement peut rester aussi minime qu'il reste inaperçu. Alors le changement quantitatif se change en changement qualitatif. Le changement ne s'accomplit pas confusément, par hasard, mais avec cohérence, progressivement. Les paysans et d'autres travailleurs se sont prolétarisés. La classe ouvrière se reproduit parmi la population laborieuse. La viscosité[14] ne fait pas éclater les barrières des classes; elle montre des déplacements minimes qui prouve la stabilité de l'ensemble des structures de classes.

C'est dans les procès à long terme que se rangent les luttes. Le dominateur et les armées se rangent. Chaque bataille est nouvelle. Des personnes de poids s'y ajoutent; mais elles adoptent les exigences des procès en cours. Ceux qui possèdent la puissance les recréent, mais c'est par les situations préétablies qu'ils se sont créés eux-mêmes.

---

[14] L'expression de la physique « viscosité » est employé ici socioscientifiquement dans le sens suivant: « Perméabilité restreinte minime des barrières sociales entre les classes ».

Résumé
Présentation de l'histoire comme procès à long terme

L'histoire des époques et des évènements à court terme sont des aspects complémentaires de la présentation historique. La continuité ne signifie pas l'arrêt de la société, mais un temps de latence de lignes qui se déploient comme évolution, progrès et même sauts. Cette compréhension fonde la nécessité de la présentation historique de procès à long terme. Ceux-ci doivent suivre les évolutions pendant des siècles et des millénaires jusqu'à sa transformation qualitative. Sinon le passage de quantité en qualité apparaît comme un évènement subit. Sans la présentation de contextes à long terme et de procès à grande dimension, l'histoire semble avoir des ruptures et être fragmentaire.

8.
Histoire de la quotidienneté

Un grand évènement se produit comme suite au cumul de ses particules plus petites et de ses unités élémentaires. Il ne se produit pas sans histoire avant-coureuse. C'est sous cet aspect que l'on doit analyser l'histoire du quotidien. C'est au cours du quotidien que s'effectue la petite évolution quantitative qui ne fait pas en général l'objet de la science de l'histoire puisqu'elle n'est pas visible à l'œil nu. Les historiens se braquent en règle générale sur les évènements visibles. Ils ne remarquent pas les évolutions graduelles et quantitatives, sans lesquelles il n'y eût eu les sauts qualitatives.

Histoire de la quotidienneté signifie aussi une *histoire des banalités quotidiennes*: formes de communication, rapports interhumains, repas, boissons, sommeil, la marche, la fainéantise, jeux, danses, chants ou aussi leur déconsidération, bref, tout possède d'un côté une « petite » histoire, mais contribue considérablement à la grande histoire et doit faire l'objet d'une historisation pour autant. Pour la recherche, l'exploitation et présentation du quotidien, on doit développer des voies spéciales nouvelles, en particulier des méthodes de la « *description dense* ». Les vieux égyptiens l'ont très bien compris et documentèrent leur quotidien de telle façon que nous sommes impressionnés encore aujourd'hui par sa clarté et son évidence.

9.
Histoire d'en bas

Tandis que l'histoire des dynasties est très bien documentée, il n'y a pas eu un parallèle pour l'histoire des ouvriers et de la classe paysanne. Il est vrai que beaucoup de documents s'occupent du quotidien et des déroulements de la production, mais il n'y a pas de présentation systématique des mouvements d'en bas et de la vie au village. Nous sommes obligés pour autant de développer des méthodes spéciales qui sont aptes à l'élaboration de l'histoire d'en bas.

Raisons pour l'esprit tendancieux des sources

L'image d'histoire valable encore aujourd'hui dans les institutions d'enseignement bourgeoises est en gros une histoire d'en haut. L'histoire des dominants est devenue l'histoire dominante. L'histoire des peuples, esclaves, paysans et d'autres producteurs n'a guère été écrite. Les travailleurs apparaissent ainsi sans histoire; comme si l'histoire ne se fait que d'en haut. Le slogan bourgeois parle de la « masse sans histoire ». Le silence des sources par rapport aux travailleurs en tant que sujet de l'histoire, a surtout les causes suivantes:

1. Les historiens étaient très souvent des chroniqueurs de la cour qui n'ont pas décrit la perspective des masses populaires. Leurs œuvres servirent la légitimation de domination.

2. Les masses ouvrières étaient et sont écartées de l'enseignement des techniques culturelles – lire, écrire, calculer. A cause de cela, l'auto-présentation leur est rendue difficile.
3. Des dissidents du système se sont efforcés d'une présentation intégrée et dialectique de l'histoire. Mais dans la plupart des cas, ils furent victimes de la tyrannie dominante et leurs œuvres furent brûlées.
4. Aux historiens ultérieurs manquait la conscience de ce que les peuples déterminent le procès historique et qu'il y a une histoire d'en bas. Si aujourd'hui encore des historiens bourgeois refusent aux esclaves, paysans et ouvriers l'accès à l'histoire, ils n'étudieront certainement pas non plus leur histoire. L'unilatéralité des sources est devenue l'unilatéralité des historiens.

Sources pour l'histoire d'en bas

1. La science de l'histoire dominante sert de source d'une histoire d'en bas lors d'une lecture et analyse dialectiques. Si l'on peut par exemple lire: « Un maréchal a rétabli l'ordre dans la région … », ceci veut dire qu'il y avait des désordres dans cette région. La question de savoir pourquoi ces désordres ont été déclenchés et par qui, se pose. Dans les archives officielles même, on en cherche les causes; mais les archives des services secrets ne tombent que rarement aux mains des historiens.
2. Les décrets, les arrêtés et d'autres documents officiels comptent parmi les documents historiques les mieux conservés. Si des historien(ne)s partent du fait que ceux-ci (celle-ci) ne se placent pas dans le vide, mais qu'ils reflètent toujours une contradiction de classes, ils s'efforcent de reconstruire la partie escamotée de la contradiction sociale.
3. Nous pouvons reconnaître des actions d'en bas par les réactions d'en haut; par exemple par la lutte contre la résistance, par les mesures répressives, par les interventions militaires dans des régions fomentées.

4. Le mouvement des revenus et des budgets de l'Etat. Les finances du Califat furent bien organisées et elles sont documentées au mieux. Les accroissements ou décroissements des revenus du *bait al-māl* peuvent être très illuminants en vue des mouvements d'en bas et dans le Rīf. La question de connaître les causes de ces mouvements est une question logique, par exemple les réactions à des impositions.
5. Chez une partie des historiens, on trouve des indications sur des luttes des classes et en général sur la vie des masses laborieuses.
6. Des fouilles archéologiques dans les régions de travail et d'habitat des travailleurs apportent beaucoup de matériel historiquement valable sous l'aspect de l'« histoire d'en bas ».
7. Le folklore et le culte des exploités et opprimés permettent d'obtenir des renseignements précieux sur leur vie, leurs activités et leur lutte.
8. Analyses linguistiques.
9. L'approche dialectique du cours historique (= matérialisme historique) permet la déduction de l'apport escamoté ou écarté des peuples en tant que véritables sujets de l'histoire.

Un exemple pour les vagues d'en bas.
L'Intifāḍa du peuple palestinien: Le 8. décembre 1987, l'Intifāḍa fut créée en pleine conscience des rapports des forces réels de la supériorité de la puissance sioniste d'un côté et de l'autre de l'infériorité des palestinien(ne)s. Les hommes de la région en fomentation ont misé sur le fait que, d'abord ils sont des précurseurs exemplaires jusqu'à ce que l'Intifāḍa provoque des répercussions en dehors de la Palestine. Entre-temps, de plus en plus d'hommes et de peuples ont commencé à suivre l'exemple des palestiniens. Aujourd'hui, l'Intifāḍa n'est pas restreinte aux palestiniens seuls. Elle est devenue une manière de vivre des opprimés dans le monde entier. Dans un laps de temps bref, le terme d'Intifāḍa est entré dans les langues du monde entier.

10.
Rīf

L'histoire du Rīf n'a pas été écrite. La science de l'histoire ne s'occupe que des villes et en plus seulement d'aspects particuliers. C'est en proportion démesurée que sont représentées les capitales et davantage encore les résidences. Mais c'est précisément cela qui donne le cachet aux présentations bourgeoises modernes en tant qu'histoire de dynasties. Pour pouvoir présenter l'histoire du Rīf, nous voulons découvrir et exploiter des sources plus adéquates. La collection et l'exploitation de traditions, mœurs et coutumes, fêtes, rituels du culte et traditions familiales peuvent être considérées comme formes particulières de sources historiques. C'est en particulier l'analyse de la lange arabe du Rīf qui nous transmettrait vraiment beaucoup sur l'histoire vivante des communautés de village. Les sources écrites nous rapportent des formes multiples de la résistance du village contre les collecteurs d'impôts et les troupes d'invasion.

Un proverbe dit par exemple: « *Mayya min taḥt tibn* » (Un fossé est rempli d'eau, couvert de foin dans lequel tombent alors les agresseurs sans espoir) et il fait preuve d'une technique défensive particulièrement paysanne.

11.
Historisation de la culture de résistance et de l'Intifāḍa

L'histoire arabe est une histoire de la résistance. Sans au moins participer par la pensée à l'Intifāḍa en tant que « manière de vivre des opprimés dans la résistance », une historiographie sur la société arabe serait une farce. Le quotidien social avec sa richesse culturelle et politique reste fermé aux historiens si ceux-ci le sondent sans l'intuition nécessaire. Ce n'est guère différent d'une visite privée. Si les hôtes s'aperçoivent que l'étranger n'a pas un comportement convenable, ils se renferment et ne lui montrent que la façade qui montre une autre réalité falsifiée.
Des mouvements de justice et courants d'opposition ont donné un cachet durable à la scénerie d'histoire arabe. Ils sont entrés dans la structure de la personnalité de l'individu et devenus une partie constitutive de sa socialisation politique. Littéralement, l'enfant adopte la culture de résistance en buvant du lait maternel et s'intègre ainsi dans l'Intifāḍa. Les parents donnent à leurs enfants des noms de résistance et les éduquent à la désobéissance envers l'Etat exploiteur. Les valeurs et les étalons qui sont acquis dans le procès éducatif, s'orientent par rapport à l'engagement politique, par exemple: « *la yaqbalu aḍ-ḍaim* », (« l'homme qui n'accepte pas de répression »). Plus tard, les jeunes reçoivent des surnoms lorsqu'ils s'organisent. Pour toute une série de personnalités historiques, nous ne pouvons distinguer le nom véritable du pseudonyme et si celui-ci est identique avec celui-là. Dans des temps mouvementés, les sources deviennent à proprement parler en partie confuses, de sorte que l'historien ne peut pas dire aujourd'hui avec certitude qui est qui. Regardons de près un livre européen quelconque sur l'histoire des arabes. Des résistances et mouvements de justice considérables, qui ont donnés le cachet à des époques entières, ne sont pas décrits et ne sont en partie ni même mentionnés. Néanmoins, ces livres portent sans scrupules des titres tels que « Histoire du monde arabe ». Une œuvre d'his-

toire devient pâle comme un calendrier de dates qui vise le passé. L'Intifāḍa durable a pour effet sinon une révolution, au moins des changements profondément efficaces. De tels changements ne sont pas saisissables pour l'historien positiviste. Il est branché sur l'« évènement », parce que « fait positif ». Ce n'est que cela qui lui est accessible et qui est capable d'histoire selon sa conception de l'histoire. L'historien positiviste n'est pas capable de mesurer des temps de latence et d'enregistrer des changements discrets de longue durée. Son historiographie ne connaît en principe que la qualité du fait. Des quantités et évolutions invisibles sans lesquelles le renversement qualitatif ne puisse naître, ne sont pas saisissables par la méthode positiviste. Des irritations minimes se situent en-dessous du seuil de conscience du positiviste de l'histoire qui n'enregistre que le coup de tambour. Une approche hautement sensibilisée de l'histoire des peuples est certainement nécessaire pour pouvoir déduire à partir du quotidien qui semble au positiviste être sans importance, des actions notables.

En fait, la recherche sur la réalité des luttes des peuples exige une méthode appropriée. Celui qui ne s'est pas intégré, oui, qui résiste, vit dangereusement. Une culture cachée en naît. Son sens politique consiste dans le fait qu'elle échappe à la répression des dominants. Dans ce cas, elle est aussi invisible pour les historiens. D'un autre côté, des mouvements de justice ont compris qu'il fallait faire parvenir la parole résistante à ceux qui sont visés et au groupe de mire. Donc, nous devrions aussi aujourd'hui y trouver un accès. Des mouvements résistants ont su se présenter par écrit d'une façon très claire et exhaustive. Dans les époques de restauration, leur création littéraire fut brûlée ensemble avec les livres. La plus grande partie de cette création littéraire est perdue pour toujours. Par conséquent, les révoltes n'ont pas existé pour les positivistes; chaque auteur qui laisse tomber cette réalité, a même un alibi.

Le but de la recherche, l'éclaircissement de la culture de résistance et de l'Intifāḍa, ne peut en fait être atteint par les moyens normaux de la science de l'histoire bourgeoise. Des méthodes nouvelles s'avèrent nécessaires. Car finalement c'étaient les *révoltes* qui changèrent les systèmes de domination et qui produisirent l'histoire. J'ai déjà suggéré quelques unes des méthodes nécessaires, je les ai appliquées et décrites dans des livres divers. D'autres méthodes sont encore l'objet d'une recherche et expérimentation. Des méthodes spéciales nouvelles doivent faire leurs preuves dans la pratique, je voudrais les nommer encore. La rupture n'est jamais absolue, mais toujours relative. Des traditions n'ont pu se conserver par écrit, mais en général oralement ou comme formation, à savoir sous la forme d'un cérémoniel. Les *rites* sont d'une grande signification, les rites avec leurs variations qui ne sont guère étudiées sous l'aspect en question. A cause de leur constance et de leur transmission soignée, ils peuvent être considérés comme une source fiable si seulement on les interprète correctement. La symbolique, les images et les mystères contiennent des informations très vieilles nées avant même l'écriture qui ne peuvent être déchiffrées qu'avec des moyens convenables. Quelques groupes populaires, subcultures, tribus désertiques et communes dans la montagne surent conserver jusqu'à une époque très récente un tas de choses. En particulier le Rīf cache des sources littéralement inépuisables. Beaucoup d'autres choses se camouflèrent sous la forme d'ordres religieux, de jeux et d'évènements périodiques. Quelques traditions familiales ne sont pas à mépriser. Un exemple important est le fonds des traditions ʿalawitique transmis pour la plupart seulement par la parole qui montre une large variété et une richesse considérable. Finalement, la langue et le vocabulaire sont une source vivante pour les études d'époques mortes. Des témoignages ont pu être conservés par des voies indirectes jusqu'aux temps présents. De tout cela, il résulte de nouvelles possibilités pour la recherche, possibilités dont on n'a même pas encore commencé l'exploitation. Dans la conscience de l'homme moderne, les traditions orales ont la valeur de quelque chose qui n'est pas fiable (« ouï-dire » signifie « non sûr »). La valeur des traditions sciemment transmises par oral est différente. L'auteur a été souvent corrigé dans des communautés de village s'il a cité de telles traditions de façon incorrecte. En partie, ce qui avait été conservé oralement possédait un degré de précision supérieur à l'écrit. (C'est pourquoi nous invitons les positivistes qui sentent en eux le penchant pour l'historisation, d'employer ces méthodes.) Je voudrais mentionner encore une surprise particulière. C'est par hasard que j'ai découvert une source non encore exploitée sous cet aspect. C'est à partir de pays lointains que des voyageurs ont visité la région arabe et en ont fait des rapports. Mais comme leur impressions gardèrent un caractère fortuit parmi les autres récits, elles ne furent pas exploitées. Ainsi, on trouva par exemple le rapport d'un visiteur persan sur la région des Qarmṭes qui contient des détails inconnus jusqu'à maintenant. Je peux bien m'imaginer que des sources asiatiques et africaines ont conservé davantage étant donné que la restauration n'a pu s'étendre indéfiniment au loin et des sources non-arabes ont pu échapper plus facilement à la censure.

Un mouvement en fomentation change, dans tous les cas, la société. Car il a déjà transformé ses propres partisans, sinon ils ne se seraient pas décidés à la résistance. Combien et de quelle manière la réalité de lutte change la société, cela dépend de beaucoup de facteurs: rapport de forces, degré d'organisation, rayonnement général, conditions objectives et degré d'évolution des conditions subjectives. Une société se développe à partir de la lutte des classes ennemies pour le pouvoir d'Etat. Le point de départ des luttes de classes n'est pas déterminé. La nécessité d'agir, la compréhension publique de la nécessité de changements et – sur le côté des dominants – la capacité des dominants de réformer, de prendre des mesures pour dérober aux masses l'initiative, pour canaliser les luttes, tout cela fait partie de questions de détail qui sont décisifs pour le résultat des luttes de classes. En dernière instance, tout dépend qui des deux classes profite au mieux de son point de départ, sabote les tactiques ennemies et met au point sa propre stratégie de lutte. La victoire et la défaite dépendent des grandes questions de théorie et pratique de la révolution. Mais aussi des aspects de détail recouvrent une importance: alliances, conception, programme, appréciation réaliste des forces en place, puissance de décision, volonté d'agir, capacité de s'imposer et l'endurance jusqu'à la percée. Je me suis efforcé autant que le permettent les sources, d'analyser avec soin les révoltes, par exemple Zinǧ ou Qarmṭes. Quelques uns de ces mouvements ont pu se maintenir pendant deux siècles. Ils ne furent donc pas épisodiques (néanmoins ils ne sont pas remarqués par les historiens bourgeois). Des générations se succédaient sous le signe d'une société égalitaire chez les Qarmṭes; c'est-à-dire que des générations entières n'ont plus vécu la répartition sociale en classes. Depuis survint un contrecoup contre-révolutionnaire, détruisa la société de justice et établissa la pouvoir d'inégalité. C'est tout au plus à cet endroit que je me suis interrompu dans mon cours. Une étudiante demande comment il a été possible que l'ordre social inférieur remporte la victoire sur l'ordre social meilleur? La réponse à une telle question ne fait pas seulement partie de la tâche de la recherche empirique d'histoire. Il est nécessaire de faire appel à des réflexions théoriques.

ʿahd, waṣṣiyya – alliance, héritage, testament

ʿahd: La traduction allemande est connue du contexte biblique « vieille » respectivement « nouvelle alliance ». En réalité il n'y en a pas d'équivalent allemand, c'est pourquoi « testament » est une traduction maladroite. ʿahd est l'auto-obligation mutuelle pour la réalisation de certains buts sociaux sur la base d'un programme déclaré; le projet de vie d'un groupe d'hommes, qui entrent ensemble dans une alliance. La notion est à l'origine sans connotation religieuse; l'emploi biblique l'a aliénée. A vrai dire, le langage théologique montre que ʿahd est quelque chose qui est projetée à long terme et qui possède une validité de long terme; un serment conserve sa valeur jusqu'à ce que les buts soient réalisés. Ainsi, la validité d'un ʿahd donné dépasse plusieures générations humaines et est renouvelée d'une génération à l'autre lesquelles existent dans un rapport d'alliance mutuelle (c'est la raison de l'existence des équivalents pour ʿahd: « époque », « alliance », « testament »). C'est en tant que traité secret que ʿahd a une brisance politique particulière. Un faisceau de termes fait partie de l'ʿahd ce qui concrétise la forme invisible d'organisation parmi les alliés. Ḥāfiẓ par exemple est l'« allié fidèle »; « celui qui accomplit l'alliance ». Dans l'arabe contemporain, il semble que des éléments de très vieilles alliances apparemment se soient conservés. L'ʿahd a été conclu dans le cadre d'un rituel ou d'une cérémonie de fête. Le repas d'ʿahd a été mentionné dans des époques très vieilles. Il peut adopter des formes liturgiques, mais il peut être aussi très simple (aujourd'hui encore la sentence « *ʿaiš wa milḥ* » (pain et sel). Le cérémoniel de l'ʿahd est tantôt très ample, tantôt réduit en un coup de main.

Waṣṣiyya – « legs », « testament », « imposer quelque chose à quelqu'un ».
A la fin de sa vie, le chef de famille rassemblait les proches autour de lui. La grande famille se groupait autour de son lit de mort et écoutait attentivement. Dans ce dernier rapport, il résumait ses derniers conseils les plus importants qu'il tenait pour indispensables pour la vie et la survie de sa progéniture. Le discours d'adieu relevait des secrets d'entreprise et des techniques d'affaires. Il contenait des sagesses et des principes. Il y avait également des éléments du testament des ancêtres pour autant qu'ils furent d'actualité. Une partie importante du discours tourna autour des contradictions fondamentales de la société. Le problème principal de la communauté de village, ce furent toujours les impôts d'Etat. L'Etat insistait sur leur recouvrement et sur leur augmentation. Les producteurs voulurent garder le rendement de leur labeur. La guerre au front des classes formait depuis toujours le contenu de la stratégie du village. C'est aussi par rapport à cet aspect central que le vieillard parla avant de partir définitivement. Il légua l'obligation testamentaire de lutter contre l'exploitation et l'oppression, et il se prononça aussi sur les moyens.
Le testament était rarement sous forme écrite. Comme la classe paysanne ne pouvait en règle écrire ni lire, le testament fut prononcé oralement sous la forme d'un discours d'adieu. Le successeur ou la femme successeur de la direction de la famille, en général le

fils aîné, fut nommé, légitimé par le chef partant et introduit dans son office. Un testament comme action finale d'une vie pleine de peines et de luttes, a toujours été fait. A part les enseignements de l'expérience, il réglait la répartition de la propriété léguée et de l'héritage matériel. Ceci n'était point tout (c'est précisément en vue du lecteur moderne que l'on doit souligner que les hommes des sociétés précapitalistes attribuèrent une grande valeur aux éléments non matériels d'un testament.) Les sagesses n'étaient non moins valeureuses, tout comme les orientations, lignes conductrices, conseils et directives. Ils étaient très autoritaires. De la bouche du mourant, elles possédaient une reconnaissance générale auprès de ceux qui restent. Elles avaient un tel caractère d'obligation qu'elles furent citées à chaque situation peu claire, voire même conjurées.

La même chose se retrouve dans de tous les peuples de la terre, mais en Orient et en particulier en Egypte, cette forme de conseil sur la conduite de vie sur terre a pris des formes littéraires fixées. De tels testaments à teneur politique, morale et existentielle des anciens égyptiens tombent de temps en temps même sous leur forme originale dans nos mains. Dans la couche sociale moyenne, chez les fonctionnaires et dans l'aristocratie de la vieille Egypte, nous trouvons souvent une copie du testament renfermée dans le tombeau. Mais dans toutes les classes, le testament avait un rapport avec la *classe politique*. Chez les uns *pour*, chez les autre *contre* le pouvoir central. En comparaison avec l'aristocratie et la couche moyenne, les originaux de testaments sont plus rares chez les paysans. Leur existence et leur utilisation sont démontrés par plusieurs faits. Ils sont fréquemment mentionnés, si l'heure de départ définitif des mourants est décrite. Des affirmations significatives et des extraits de testaments sont cités en outre dans les doctrines de sagesse. Les doctrines de sagesse égyptiennes ont pris de façon réglementaire la forme d'un discours d'un vieux père à son fils. Ce genre littéraire a pris au cours du temps un essor brillant dont nous pouvons bien retracer les étapes. Finalement, ce qui est un argument en faveur de la place fixe assignée au testament dans l'histoire d'une famille, est le fait que cette tradition se perpétue jusqu'à nos jours. Ce qui était une coutume en Egypte, était valable aussi pour les pays voisins. Dans le monde arabe moderne, le testament s'occupe de plus en plus de questions de droit d'héritage. Les conséquences de la bureaucratisation et de la légalisation se font sentir. Il est dommage que des nécessités de droit familial et des détails juridiques se multiplient au détriment de la signification sociale et morale du testament!

La littérature testamentaire de l'araméen, du vieux-syrien[15] et d'autres langues araboïdes s'est conservée aussi dans une large mesure; elle attend son exploitation par la recherche scientifique. Le legs avait pour effet une continuité inhabituelle parmi les générations. Durant des siècles, des lignes politiques et des contenus de luttes furent maintenus. A la différence de la politique d'en haut qui s'expriment par des plans de cinq et de dix ans, l'histoire d'en bas se distingue par le biais de procès à long terme.

[15] Murād Kāmil, Tārīḫ al-adab as-suriānī, Kairo 1950.

12.
A l'« atelier d'histoire »
Quant à la méthode de travail de la historisation

Un ami de longue date m'écrit une carte postale de Sri Lanka.

Mon cher Karam,
Que la paix soit avec toi! Chez nous, il n'y a pas beaucoup de changements. Les derniers temps, ma femme se plaint d'un manque d'appétit. Sinon nous allons bien. Anjuli, ma fille aînée, commencera le prochain semestre ses études à Calcutta. Elle s'est inscrite pour la science de l'histoire. Elle habitera chez son frère Biplab Basu, qui veut y faire un doctorat de philosophie. Si tu nous rends visite, tu devras absolument faire une halte chez eux. Est-ce que tu peux nous communiquer déjà maintenant quand tu seras chez nous? En attendant, des salutations cordiales,
Sivanana.
P.S. L'absence d'appétit dont parle mon mari, je ne l'ai que par rapport à la viande, non pas par rapport aux autres plats. C'est une question de goût! Nous avons maintenant une température de 25 à 28 degré Celsius, c'est optimal pour la natation. En attendant de se revoir, salutations,
Indira.

Nous venons de prendre connaissance d'un document historique important. Qu'est ce que ce document nous enseigne pour la recherche historique? Le texte de la carte postale n'est pas particulièrement excitant et en apparence sans importance historique. Pour le curriculum vitae personnel, l'inscription pour des études est un évènement important, voire une césure, mais non pas pour la chronique régionale, et encore moins pour l'histoire universelle. Et cependant, cette carte nous transmet beaucoup d'autres contenus qui peuvent avoir une grande importance historique pour autant qu'ils soient revalorisés. Regardons de plus près encore la carte postale pour voir s'il n'est pas possible d'en tirer peut-être davantage d'informations.

A.) La carte postale contient une affirmation, il est vrai, non explicite, cependant univoque sur la situation sociale des expéditeurs. Car toujours est-il qu'ils sont en mesure de payer les études universitaires, même dans le lointain Calcutta aux Indes. Il va de soi que le fiston et la fillette sont des bacheliers très doués et appliqués. Ils réussissent à franchir la barrière de la note de moyenne dont l'obtention est nécessaire pour entrer à la faculté. Déjà maintenant, il est clair que l'un des deux veut faire un doctorat. Même si nous pouvons admettre qu'ils sont boursiers, cela ne change en rien le fait qu'ils ne font pas partie des couches sociales les plus humbles de leur pays.
B.) Le document historique de valeur en provenance de Sri Lanka a une grande importance pour l'histoire des communications. De la date de la carte et du cachet postal d'un côté et de l'arrivée chez l'adressé de l'autre, nous tirons des conclusions sur la rapidité des transports et sur l'état des technologies de communication.
C.) Par rapport aux relations internationales, cette carte postale n'est pas sans importance. Les étudiants de Sri Lanka peuvent naturellement étudier dans les universités indiennes et semblent se sentir presque comme dans leur propre pays.
D.) Il y a des motifs différents pour lesquels les gens se détournent de la viande pour passer à la nourriture végétarienne. Ceci nous donne à réfléchir davantage.
E.) Il y a ici aussi un rapport entre l'histoire et la linguistique. De voir dans quelle langue et dans quel style la carte a été écrite, est important et on en peut déduire beaucoup de choses.
F.) Aussi la qualité et la durabilité du papier et de l'impression peuvent être de grande valeur pour des historiens y les personnes intéressées.
G.) Jusqu'ici nous n'avons pas utilisé l'information indépendante de l'expéditeur. A l'envers, la carte postale présente une image

qui est expliquée par une légende. Ici aussi se pose la question de savoir pourquoi il y a justement cette image. L'expéditeur attentif a certainement voulu me rendre, à moi historien, un service.

H.) Il y a encore le timbre qui de son côté fournit beaucoup d'informations par rapport au renseignement politique qui est amplifié par le cachet de texte du bureau des postes du pays d'origine.

I.) Le potentiel d'informations s'agrandit dans la mesure où il y a des formes de communication entre les partenaires épistolaires et par rapport à la question de savoir quelles sont les formes de communication. L'information est dans un style remarquablement banal et ceci malgré la situation tendue à Sri Lanka. Ce texte est précisément d'une retenue suspecte eu égard au contexte de guerre civile.

Est-ce que la retenue permet de déduire angoisse, insécurité ou indifférence? Le service de contre-espionnage ou un autre service secret pourrait même supposer un code. Des phrases apparemment sans importance consciemment écrites sur carte postale qui semble ne pas éveiller des soupçons, donnent à spéculer.
Malgré toutes les possibilités qui ont été envisagées jusqu'ici, nous n'avons pris en considération qu'une fraction du potentiel d'informations d'une carte postale. Imaginons que la carte postale tombe beaucoup plus tard dans les mains d'un archéologue et qu'elle soit conservée comme unique de ce temps et de cette région. Les archéologues verrouilleront soigneusement toute cette région et ils analyseront avec soin tout ce qu'il y a, même le sol. On se posera la question de savoir pourquoi justement cette carte a été conservée.
La carte postale comme comparaison n'est pas tirée par les cheveux. C'est que ce qui nous parvient des sources sur les époques passées, est presque pareil (actuellement, il y a naturellement une exubérance de matériel écrit des temps modernes avec une tendance inflationniste). Les dynasties égyptiennes et, plus tard, arabes étaient très conscientes de l'histoire. Elles embauchèrent

des chroniqueurs de cour comme fonctionnaires. Elles érigèrent des monuments comme témoins de l'histoire pour les générations futures. En même temps, elles ne négligèrent pas l'histoire des temps et dynasties passés. Cependant, ceci n'est qu'en principe l'histoire d'un certain secteur social. La plupart des bourgeoises et bourgeois ne pouvaient se payer le luxe d'une historiographie. Une carte postale de ces secteurs serait aujourd'hui d'une valeur inappréciable.

Les sources pour l'histoire présentent fréquemment une situation encore plus extrême que la carte ci-dessus interprétée.

Dans un certain sens, nous pouvons partager les sources en deux groupes majeurs. D'un côté, il y a les auteurs qui ont écrit sans la contrainte de la situation environnante, voire même en opposition avec elle. De tels auteurs se sont servis d'un certain style insoupçonnable des instances de contrôle, mais qui est compris par ceux auxquels ils s'adressent. C'est précisément sous cet aspect que des auteurs arabes se sont montrés comme maîtres de la cryptographie. Jusqu'à maintenant la science de l'histoire européenne a échoué aux écueils d'une lecture convenable de ces écrits. Elle n'a reconnu que des formes de style superficielles, présentées par les auteurs pour induire en erreur (c'est la raison pour l'interprétation théologique stéréotype des écrits arabes).

L'autre catégorie est la majorité, c'est-à-dire la majorité des sources conservées. Il s'y agit de chroniqueurs de cour. Ils exercent des travaux commandés et doivent respecter les intérêts de leurs patrons. Il serait cependant trop simple de leur dénier un sentiment pour la vérité, selon l'épitaphe: « Je chante la chanson de celui dont je mange le pain. » Des rois et des califes embauchèrent de grands savants et leur concédèrent certaines libertés. Ces historiographes devaient faire preuve de respect. Ils durent être particulièrement prudents s'ils voulaient dépasser les limites de leurs tâches. Souvent, ils ont bien compris le fait d'exploiter pleinement leur rayon de liberté.

Même le grand Ibn-Ḫaldūn fut obligé de travailler chez des princes, rois et, à la fin, chez des Mamelouks. Nonobstant, personne ne lui a reproché d'être dans les relations publiques.
Il est dans la nature des choses que des édits des califes et sultans se soient mieux conservés que d'autres matériaux. Lorque je commençai les travaux de ma dissertation en histoire, j'ai pris de tels documents pour argent comptant comme si les rois ne pouvaient mentir. Ce n'est que par expérience que j'ai appris la problématique de telles divulgations. Leur degré de vérité s'éteint de zéro à cent pour cent. En tout cas, les documents possèdent une grande puissance significative – en cela, semblable à notre carte postale; car ils n'ont certes pas écrit comme passe-temps. Le mieux serait la confrontation d'un édit officiel avec une prise de position contraire qui a rapport au même fait, si la situation des sources le permet. On peut par exemple comparer un décret avec un entretien téléphonique où quelqu'un suit la conversation dans la même chambre rien qu'en écoutant celui qui parle et où cette personne déduit de ces paroles l'ensemble de la conversation. A cela s'ajoute que l'interlocuteur à l'autre bout de la ligne dit le contraire.
La langue arabe est à proprement parler située sur plusieurs niveaux. Peu de langues peuvent être comparées avec elle sous cet aspect. L'exploitation du matériel des sources confronte les chercheurs de langue maternelle arabe devant de grands problèmes, et encore plus les arabistes de l'Europe occidentale à de grands problèmes. C'est pour cela que les arabistes européens devraient être plus humbles. Ils n'ont aucun fondement pour l'arrogance qui leur est propre. Haarmann et ses co-auteurs présentent leur livre « *Histoire du monde arabe* » avec la prétention: « Qu'il n'y a pas de livre équivalent sur le plan international ». Malgré cela, je peux nommer d'emblée tout un catalogue de livres scolaires arabes qui dépassent de loin l'œuvre de Haarmann.
La carte postale n'était sûrement pas une comparaison exagérée. Au contraire. Les sources provoquent encore beaucoup d'autres problèmes que je n'ai pas mentionnés ici. Il y a surtout le problème de l'authenticité ou pureté des écrits. Il y a les problèmes

des pseudogrammes, documents anonymes et écrits non datés. De plus, on doit poser la question de connaître les facteurs de motivation qui furent la cause de la génèse d'un écrit et qui restent très souvent dans l'obscurité. Or, de tels motifs offrent d'importantes déductions sur la valeur d'un écrit et sur l'interprétation de ses propositions particulières. Une source de l'antiquité ou du Moyen-Age ne nous atteint que rarement dans la nuance originale. La source est en général altérée par une modification rédactionnelle des écrivains ultérieurs. La science de l'histoire a développé des méthodes spéciales pour délimiter des couches (layer) les unes des autres et de les différencier selon leur âge. Les méthode de la critique de texte en font partie. On a développé par exemple la méthode de la forme historique ou la détermination du « siège dans la vie », c'est-à-dire le point d'ancrage de la tradition dans le contexte historique; de plus, on a développé la distinction de l'originale avec la correction rédactionnelle. Il y a en outre les méthodes linguistiques et les procédés comparatifs de textes. La question de connaître le motif de l'altération du texte s'avère souvent comme clarifiante. Les matériaux les plus précieux parviennent à l'historien tels qu'il le souhaite. Souvent, les sources de toute une époque ou d'un phénomène social déterminé manquent. Un problème significatif qui s'est posé lors de la rédaction de ce livre est l'historisation de révoltes et de mouvements de justice. D'un côté, ces mouvements ont travaillé dans l'ombre et camouflé la parole de résistance, et de l'autre, leurs écrits furent détruits au cours des temps de restauration. Nonobstant, l'historien n'a pas le droit de capituler devant ces situations difficiles, mais il doit au contraire poursuivre ses recherches, accompagné d'une curiosité encore plus grande, et développer des méthodes spécialisées en la matière (j'en ai parlé concrètement à l'endroit correspondant).

Une vieille sentence dit que si le prophète ne va pas à la montagne, la montagne va vers le prophète. Une prophétisation est un énoncé sur le futur. Un témoignage d'histoire est une information sur du passé. Quelques fois, c'est par l'historien que nous en prenons connaissance (en analogie avec le prophète), dans d'autres cas, c'est par un legs matériel, une culture matérielle, par exemple les édifices (en analogie avec la montagne). Or, nous devons exploiter tout le matériel qui nous parvient pour obtenir le maximum d'informations. En dernière instance, il s'agit de remplir un « trou d'histoire ».

Une telle « montagne » est littéralement allée vers le prophète et s'est montrée inopinément comme un trésor d'une valeur inappréciable. Un maître d'école évidemment très pédant avait l'habitude de jeter systématiquement des écrits non satisfaisants des élèves médiocres à la poubelle; il est vrai qu'on faisait l'économie du coûteux papyrus. Les élèves furent contraints d'écrire sur de la terre cuite et des bris de terre cuite. Pour pouvoir satisfaire le professeur exigeant, les pauvres élèves ont réécrit leur devoir jusqu'à ce qu'ils atteignissent la note « satisfaisant » au moins. Or, ces mauvais élèves ne surent jamais à quelle renommée ils sont parvenus. Grâce à leurs travaux (insatisfaisants) nous sommes en possession de l'œuvre scolaire la plus ancienne concernant une formation professionnelle. Il provient de l'Empire Moyen, mais remonte à une source de l'Ancien Empire. L'ironie de l'histoire a réhabilité les mauvais écoliers, selon le verset de la Bible: « celui qui est humilié sera élevé ».

A côté des méthodes générales de la science de l'histoire, il y a aussi les méthodes spéciales qui se rapportent à des époques déterminées et à des régions déterminées, par exemple la vieille Egypte, Byzance, Califat, première guerre mondiale et la deuxième, etc. La question concernant la critique des sources, doit se poser, à nouveau dans chaque cas et se rapporter à la spécificité du matériel.

13.
Histoire sociale intégrée de la vie, du travail et de la culture

La science de l'histoire bourgeoise a souffert de ce qu'elle ait isolé un aspect ponctuel, en général celui de la politique, du contexte historique et souligné cet aspect selon leurs intérêts. L'essence qui constituait la vie des hommes et qui les avait mus, à savoir l'histoire sociale, fut négligée. La recherche sociale historisante ne saurait se satisfaire des moyens conventionnels de la science de l'histoire; des moyens plus modernes sont nécessaires. Sous cet aspect, ce sont la « méthode biographique » et l'« histoire sociale de la littérature » qui seraient à développer. Exemple: L'œuvre de « Mille et une nuits » est un recueil de contes; la coulisse des évènements est cependant historique. Si l'on réussit à déduire la société authentique à partir du monde des contes, des sources importantes de l'histoire sociale s'ouvriraient.

14.
La « théorie universaliste de l'histoire » ou: L'unité organique intérieure de l'ensemble du procès historique

L'éducation d'histoire de la bourgeoisie a ruiné l'unité organique intérieure de l'ensemble du procès historique. Dans leur façon de présenter l'histoire, celle-ci apparaît comme ponctuelle, fragmentaire, même anecdotique. On raconte des évènements, on fait des relations sur des rois, guerres et traités. Les connections, la causalité et la continuité intime du mouvement sont détruites. En conséquence, la dimension historique de l'humanité apparaît comme segmentée, démontée. L'image d'histoire fragmentaire, dans le meilleur des cas il s'agit d'une mosaïque, cette image n'est pas née d'elle-même et spontanément, mais comme conséquence des sciences de l'histoire positivistes et de la manière eurocentrique de l'élaboration et présentation d'histoire. Ce n'est qu'en partie que cette manière de présentation est conditionnée par la spécialisation nécessaire. A vrai dire, cette spécialisation peut devenir un piège au lieu d'être une aide. Qu'on s'imagine d'aller chez un horloger pour qu'il fasse la réparation d'une horloge antique précieuse. Il la démonte, trouve le défaut, le neutralise, mais il sera alors hors d'état d'assembler à nouveau l'horloge.

Le procès historique de l'humanité est unitaire. L'unité organique intérieure a une validité tant verticale, c'est-à-dire en rapport au déroulement de l'histoire, qu'horizontale, c'est-à-dire universelle. C'est qui explique la nécessité de la théorie d'histoire universaliste. L'unité organique intérieure de l'ensemble du procès historique n'exclut pas la variété des phénomènes et particularités d'une évolution régionale. La théorie d'histoire universaliste s'efforce en même temps de mettre en lumière des connections et d'étudier des rapports.

Que les points qui viennent d'être nommés, soient pris comme des aspects pour la constitution de la « théorie d'histoire universaliste ».

Conclusion –
Le présent est l'actualité de l'histoire

Nous comprenons l'histoire par le présent. Inversement, par les études de l'histoire, nous comprenons mieux notre présent. Ce rapport n'est pas un hasard; on peut le fonder théoriquement. Il y a une unité organique intérieure de l'ensemble du procès historique. L'exigence d'objectivité serait un malentendu et ne serait plus à atteindre, si l'on comprenait l'objectivité comme une rupture totale de l'objet de la recherche avec le point de vue du spectateur et de ses intérêts. Il y a une dialectique tant entre le présent et le passé qu'entre le sujet, à savoir le chercheur, et l'objet de la recherche en question. Le fait de penser en grandes dimensions historiques et l'histoire à court terme se complètent mutuellement. L'élaboration de l'histoire est la réflexion sur l'expérience du passé. C'est à partir d'ici que le présent devient compréhensible. Des enseignements pour le futur en seront déduits et des conséquences pour l'action « ici et maintenant » en sont tirées.
D'autres aspects de la théorie universaliste sont l'« anthropologie universelle », la « théorie universelle de la culture », la « linguistique universelle » et l'« histoire universelle des sciences humaines ».

Tableau de périodisation de l'histoire arabe et universelle

I. Anthropogénèse et anthroposociogenèse
II. Société primitive (40.000 avant notre ère à 3.400 a.C.)
III Organisation des Etats (3.400-3.000 a.C.)
    L'Egypte et l'Iraq
    Epoque prédynastique
IV. Pharaons (3090-332 a.C.)
    – Epoque dynastique première
    1ère et 2nde dynastie (3090-2635 a.C.)
  – Empire antique
    3ème à 6ème dynastie (2635-2155 a.C.)
  – Révolution sociale
    7ème à 11ème dynastie (2153-1991 a.C.)
  – Empire intermédiaire
    12ème dynastie (1991-1786 a.C.)
  – Invasion Hyksos et domination étrangère (1642-1542 a.C.)
  – Nouvel Empire
    18ème à 30ème dynastie (1575-332 a.C.)
V. Alexandre et Ptolémées (333-30 a.C.)
VI. Empire romain (146 a.C.-314 p.C.)
VII. Empire byzantin (314-1453)
VIII. Empire mondiale arabo-islamique (632-1517)
  Califat (632-1258)
    – Calife de consensus (632-661)
    – Umayyades (661-750)
    – ʿAbbasides (750-1258)
    – Mamelouks (1259-1517)
IX. Empire osman (1453-1918)
X. Colonialisme européen et impérialisme occidental
  (à partir de 1441)
XI. Lutte d'indépendance des peuples et des Etas
  (à partir de 1441